DESPERTANDO SUA AMIGA INTERIOR

Título original: *Czuła przewodniczka: Kobieca droga do siebie*

Copyright © 2021 por Agora SA
Copyright © 2021 por Natalia de Barbaro
Copyright das colagens © 2021 por Aneta Klejnowska
Copyright da tradução © 2025 por GMT Editores Ltda.
As colagens foram criadas com imagens de: flickr.com,
freepik.com, rawpixel.com, stock.adobe.com, 123RF/GettyImages (p. 38, centro),
Carl Sutton/GettyImages (p. 19, centro).

Todos os direitos reservados. Nenhuma parte deste livro pode ser utilizada ou reproduzida sob quaisquer meios existentes sem autorização por escrito dos editores.

coordenação editorial: Juliana Souza
produção editorial: Carolina Vaz
preparo de originais: Rafaella Lemos
revisão: Hermínia Totti e Priscila Cerqueira
diagramação e adaptação de capa: Ana Paula Daudt Brandão
capa: Paweł Panczakiewicz
imagem de capa: © Eugenia Porechenskaya/Shutterstock
impressão e acabamento: Associação Religiosa Imprensa da Fé

CIP-BRASIL. CATALOGAÇÃO NA PUBLICAÇÃO
SINDICATO NACIONAL DOS EDITORES DE LIVROS, RJ

B184d

Barbaro, Natalia de, 1970-
 Despertando sua amiga interior : os três arquétipos femininos e o caminho para reencontrar você mesma / Natalia de Barbaro ; ilustração Aneta Klejnowska ; tradução Rodrigo Peixoto. - 1. ed. - Rio de Janeiro : Sextante, 2025.
 240 p. : il. ; 21 cm.

 Tradução de: Czuła przewodniczka: Kobieca droga do siebie
 ISBN 978-65-5564-974-1

 1. Feminismo. 2. Mulheres - Psicologia. 3. Mulheres - Atitudes. I. Klejnowska, Aneta. II. Peixoto, Rodrigo. III. Título.

24-94830

CDD: 155.6082
CDU: 159.947-055.2

Gabriela Faray Ferreira Lopes - Bibliotecária - CRB-7/6643

Todos os direitos reservados, no Brasil, por
GMT Editores Ltda.
Rua Voluntários da Pátria, 45 – 14º andar – Botafogo
22270-000 – Rio de Janeiro – RJ
Tel.: (21) 2538-4100
E-mail: atendimento@sextante.com.br
www.sextante.com.br

Para Mitka

Sumário

Nota da autora   9
Prólogo: Sonhando com mulheres de espartilho   13

PARTE I
A Submissa   17
A Rainha da Neve   35
A Sofredora   49
Uma dança problemática   61
As três irmãs   69

PARTE II
Uma mulher embalada a vácuo   75

PARTE III
O que ajuda   143
A bebê interior   145
Da Submissa à Menina Selvagem   149
Da Rainha da Neve à Adulta   173
Da Sofredora à Amável   205
Uma reverência   233

Nota da autora

– Por que nunca estou satisfeita? – perguntou ela enquanto as lágrimas arruinavam sua maquiagem. – Tenho um marido bacana, filhos, trabalho, uma casa própria. Por que não tenho vontade de me levantar pela manhã? – E completou depressa, preocupada: – Meu rímel escorreu?

Aquela mulher, uma das minhas clientes de coaching, chegou à conclusão de que vivia em um estado de submissão crônica. Ela estudou direito porque era o que seus pais queriam. Procurou emprego em uma multinacional porque assim ganharia um bom salário. Pintou as paredes da sala com a cor que, de acordo com os decoradores, estava na moda.

– Por que nunca estou satisfeita? – foi sua primeira pergunta. E, após duas sessões: – Como posso ser feliz se eu sou a parte que falta nisso tudo?

Nas oficinas e nas sessões individuais que ofereço para mulheres, com frequência percebo que muitas delas abandonam a si mesmas e organizam seus dias de acordo com o que (elas pensam que) os demais esperam delas.

A mesma coisa acontecia comigo. Quando comecei a refletir sobre a origem desse meu comportamento, descobri que eu fazia isso por medo. O medo me sussurrava que, se eu abrisse a boca para dizer o que pensava, seria rejeitada. Que, se eu parasse por um momento enquanto corria de uma reunião a outra, de um curso a outro, de uma tarefa a outra, perderia o direito de pisar na Mãe Terra. E que encomendar a ceia de Natal em vez de prepará-la por conta própria seria um vexame.

Tudo isso era mentira.

Tudo o que fazemos por medo nos afasta de nós mesmas. Acabamos deixando as rédeas da nossa vida nas mãos de uma Comissão Julgadora que nos observa friamente. Sob seu olhar, tudo o que é vivo e cálido dentro de nós se congela.

E enquanto estava nesse processo, buscando o meu verdadeiro eu, descobri que, dentro de mim, mora mais alguém. Uma personagem que, quando eu lhe peço, me auxilia com sabedoria e maturidade. Eu a chamei de "Terna Companheira". E quem sabe você, ao fechar os olhos e respirar fundo algumas vezes, consiga visualizar a sua. Faça isso, ainda que esteja apenas folheando este livro em uma livraria. Pense na sua Terna Companheira.

Mas de onde eu tirei que ela existe? De onde vem minha convicção de que você conseguirá enxergá-la? Isso é um mistério até para mim, mas sinto que ela vive dentro de você.

Neste exato momento, também estou fazendo isso: fecho os olhos para vê-la. Minha Terna Companheira não mostra o rosto, mas vislumbro uma pequena dobra de sua capa e sei que ela está caminhando por uma trilha. Sinto, em meu coração, que deveria segui-la.

E quando faço isso, assim como uma camada de gelo na superfície de um rio se transforma em água viva graças aos raios de sol, meu medo logo se transforma em gentileza em relação a mim mesma. A respiração profunda supre minha falta de alento, e dentro de mim abre-se um espaço para meus "sins" e meus "nãos", para minhas próprias decisões, para o lúdico, para a gentileza em relação às pessoas que amo. E surge a confiança de que eu também posso ser amada por elas de forma desmedida e incondicional.

Por experiência própria, sei que esse movimento – a transformação do medo em uma espécie de amor por mim mesma – não é alcançado de uma vez por todas e para sempre. Não há fogos de artifício, uma meta ou um único final feliz. Ele exige prática, atenção e o cultivo de um relacionamento diário comigo. No entanto, se o repetirmos, a cada dia estaremos mais perto de nós mesmas e nossa vida será cada vez mais nossa.

Este livro demonstra que, ainda que nos afastemos muito de quem somos, sempre podemos encontrar o caminho de volta. Seremos obrigadas a enfrentar sobressaltos e desvios. Mas o caminho nos aguarda e, no final dele, somos nós que estaremos esperando por nós mesmas. Como quem vai à entrada de casa acender a luz para iluminar o caminho de um viajante.

PRÓLOGO

Sonhando com mulheres de espartilho

Há mais de dez anos, eu tive o seguinte sonho: nas profundezas da terra, em um lugar que parecia as minas de sal de Wieliczka, havia um enorme poço de água verde-escura. Eu estava mergulhada nessas águas, usando um vestido preto, com um espartilho muito apertado, parecido com o que Holly Hunter usou no filme *O piano*. Ao meu lado, nadavam mulheres vestidas da mesma forma. Eu não via o rosto delas. Nós nadávamos, ou melhor: estávamos estagnadas nessa fenda hidrográfica. E eu, que estava sonhando, sabia que aquilo era uma espécie de jogo. A regra básica era: não tirar a cabeça da água e não respirar. No momento em que sonhava, eu sentia que estava sem ar, que meu corpo se movia para cima, em direção à superfície. Eu era invadida pela sensação de que se tratava de uma derrota e que eu estava prestes a perder. Sentia vergonha. E sabia que, do lado de fora da água, havia um homem: ele também não tinha rosto, assim como as mulheres que nadavam ao meu lado, mas sua silhueta me levava a imaginar um homem de negócios impiedoso, desses que nos observam estampados em outdoors de fundos de investimento e relógios de luxo.

Mais tarde, eu o apelidei de Supervisor do Poço. A tarefa desse homem era nos vigiar e não deixar que nenhuma de nós saísse da água. Ele parecia segurar um cajado para nos empurrar de volta. E eu sabia que, para ele, era uma tarefa fácil: bastava um movimento do cajado ou da ponta de seu sapato.

Conversei sobre esse sonho com várias mulheres. Uma delas me disse que eu parecia estar presa naquele poço de três maneiras diferentes: debaixo da terra, debaixo d'água e vestindo um espartilho. "Uma mulher de espartilho", pensei. Era um sonho sobre mulheres presas em espartilhos. No início, não entendi seu significado por inteiro, mas senti que minha tarefa consistia em seguir o caminho aberto pelo sonho e fazer o trabalho que ele me pedia. Se não fosse por ele, eu talvez nunca tivesse tomado a decisão de escrever este livro.

E decidi encontrar, dentro de mim, essas mulheres de espartilho. Em que momentos da vida costumo descer em meio à escuridão, em direção ao interior da terra? Em que momentos mergulho em águas lodosas? Quem são e de onde vêm esses fragmentos de mim mesma que vestem espartilho, aprisionados? Quem é o supervisor do meu poço interior?

E, o mais importante, como posso escapar de lá, tirar o espartilho e sair ao sol? Que trabalho será exigido da minha parte? E da sua?

Minha resposta a essa pergunta vai ocupar muitas páginas e não será completa. Mas sei que buscá-la é uma tarefa a que não tenho a menor intenção de renunciar. E sinto, ao pensar nesse trabalho, que meu corpo inteiro se enche de alegria.

PARTE I

A Submissa

Na minha colagem ela é uma mulher adulta. Tem o cabelo escuro curto e usa um colar de pérolas. Seu rosto parece vendado por um xale que deixa apenas os olhos à mostra: estão bem abertos e me fitam diretamente. Vejo neles medo e precaução. Na foto, colei o slogan de uma propaganda do perfume Good Girl. Essa Boa Moça não tira os olhos de mim, e eu não consigo parar de olhar para ela.

Certo dia, participei de uma aula de Wen-Do: uma oficina de dois dias que combinava exercícios de defesa pessoal e assertividade, e uma reflexão sobre os padrões de feminilidade com os quais somos bombardeadas. Um dos exercícios consistia em completar a frase "uma moça deve ser...". Bom, você já deve imaginar. Nem preciso explicar, pois todas vivemos situações parecidas. E o que acontece em casa durante a infância tem muita importância. Tive a sorte de contar com pais sempre dispostos a escutar o que eu tinha a dizer. Na escola, porém, me chamavam de respondona, e os professores viviam repetindo – com um desprezo e um tom de censura que me pareciam incompreensíveis – que eu acabaria virando advogada, já que vivia defendendo os outros. Isso foi suficiente para que a Submissa não se transformasse na minha personagem interior principal, mas é uma imagem muito familiar para mim. Eu te conheço, Boa Moça. Sei que você é feita de medo.

A Submissa vem à tona em mim quando vejo o diretor da minha empresa erguendo uma das sobrancelhas em uma reunião do conselho. Quando, na voz do meu marido ou do meu filho, noto certa irritação e sinto a tensão crescer em meu estômago. Quando me pergunto se devo aceitar o convite para participar de um programa de rádio, mesmo intuindo que os demais participantes aceitaram sem pensar duas vezes. Ela está em mim quando, em uma conversa, de maneira automática, cedo o espaço ao mal-estar do outro, tomo ele para mim e me obrigo a devolver o bom humor ao meu interlocutor – tudo isso sem antes perguntar a mim mesma como me sinto, se realmente tenho forças para fazê-lo e qual será o preço a pagar. A Submissa está em mim quando assumo uma postura servil, quando pergunto "Alguém quer mais salada?" só para mudar de assunto, com medo de os convidados começarem a discutir. Estava em mim quando – como acontece com todas as garotas – vivi na própria pele minha versão do #MeToo. Quando hoje em dia, sendo uma mulher adulta, não reajo diante de um desconhecido que me chama de "gostosa" na rua e, em vez de dizer "Vá à merda!", digo em voz baixa: "Com licença, você se importaria de chegar um pouquinho para o lado?" Quando, ao escrever estas palavras, começo a duvidar de mim mesma e sinto vontade de parar, pois não sei se alguém vai ler o que estou escrevendo.

A Submissa mantém as pernas fechadas, passa as mãos para esticar o edredom, confere se a meia-calça não está com nenhum fio puxado e, para evitar qualquer problema, sempre anda com uma extra na bolsa. Usa a colher, o garfo e a faca adequadamente. Obedece sem reclamar. Sua voz é como um ruído de fundo: "Não fale, mulher, não incomode os outros, ocupados em suas

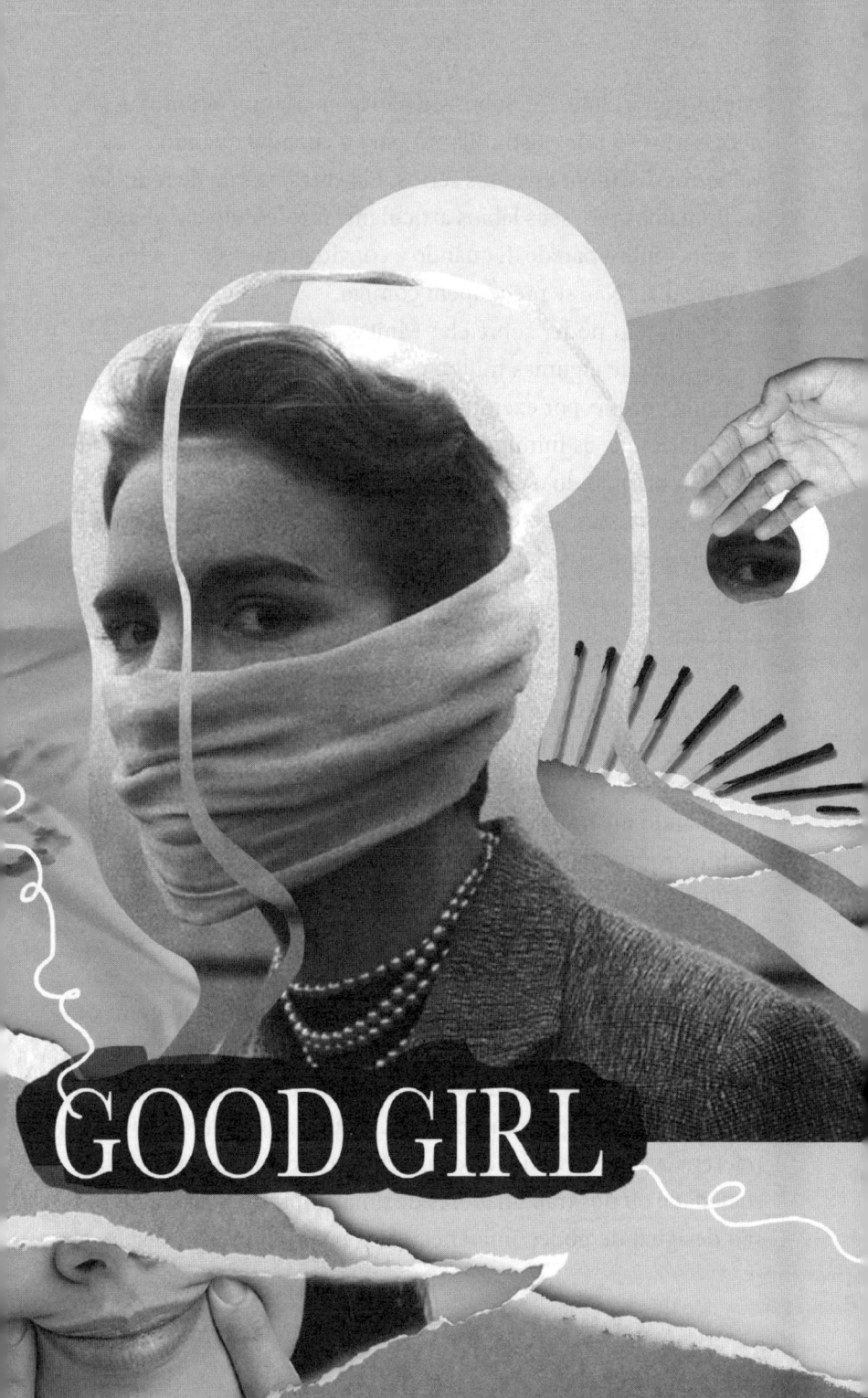

tarefas importantes." A Submissa não quer criar incômodos desnecessários só por existir. Ela vai para a cozinha quando os cavalheiros discutem assuntos sérios. Ela entra na sala de reunião na ponta dos pés, seus lábios articulam "me desculpem", depois se senta rente à parede. E quando a convidam a se sentar à mesa sempre diz: "Não se preocupem comigo."

Quem tem poder sobre ela? Muitas vezes, isso não fica claro. Na vida de algumas mulheres, a figura do Soberano é bem definida porque, por exemplo, elas se casaram com um homem autoritário que as fulmina com o olhar ao ver um chinelo fora do lugar ou quando o colarinho da camisa não está bem passado. As Submissas, sob esse olhar, trabalham com a precisão de um relógio suíço. O fato de o Senhor ser uma pessoa concreta, com nome e sobrenome, introjeta na cabeça delas uma espécie de ordem particularmente perigosa. "Ele é assim. Com ele, não dá para fazer as coisas de outra maneira." A partir daí, trata-se dele, não dela. Ele é o impulso e ela reage – segundo as regras que regem seu mundo interior – da única maneira possível. Melhor não despertar o monstro.

Quando me transformo na Submissa, acredito em um mundo hierárquico onde não existe igualdade.

Geert Hofstede, psicólogo social holandês que se interessou por questões relativas às culturas nacionais e às organizações, tentou descrever um país e uma empresa concretos como se fosse a personalidade de um indivíduo, analisando diferentes aspectos e descrevendo a intensidade de certas características. No âmbito do funcionamento de uma comunidade, ele distinguiu um aspecto que chamou de "distância do poder", que faz referência à permissividade dos membros de uma determinada sociedade ou dos trabalhadores de uma empresa quanto à divisão desigual de poder/influência. Nos países com uma distância de poder grande, as pessoas não ficam indignadas com o fato de alguns cidadãos terem "mais direitos" que outros. Como escreveu Orwell: "Todos os animais são iguais, mas alguns são mais iguais que os outros."

Em um relacionamento no qual o casal (que a esta altura do campeonato já deixou de ser uma parceria) viva de acordo com esse paradigma, é inquestionável que uma pessoa limpe e a outra verifique se está tudo limpo; que uma pergunte se pode sair na sexta-feira com as amigas e a outra simplesmente diga "estou saindo"; que uma cozinhe, sirva a comida e lave a louça, e a outra avalie se a comida estava gostosa.

A Submissa é essa parte de nós que, segundo a tipologia de Eric Berne, criador da análise transacional,* corresponde ao esquema da criança submissa que aceita o fato de ser mais frágil e respira um ar de inferioridade. É algo automático: a Submissa não questiona a falta de igualdade porque não enxerga sua situação de fora; vive em uma pequena caixa dentro do paradigma que dita que alguns estão em cima e outros embaixo, e que ela sempre estará embaixo. Para ela, isso é uma norma. Ela não tenta definir seus limites nem em como respeitá-los – os outros ocupam o espaço deles, e ela, por sua vez, se encolhe o máximo possível para que os demais estejam confortáveis. Em uma conversa, no ônibus ou na cama, a Submissa procura algo a que obedecer, pois não conta com uma bússola interior e, mesmo assim, precisa navegar pela vida de alguma maneira. Por isso, navega utilizando como GPS a longa e detalhada lista que a sociedade, a cultura e o patriarcado lhe oferecem do que

---

* Teoria psicológica que postula que o Ego é influenciado por três narrativas interiores, representadas pela voz de um pai (ou mãe), de uma criança e de um adulto (ou adulta). [Todas as notas são do editor.]

se pode ou não fazer. De como se vestir e como não se vestir, de quais são as obrigações de uma dona de casa, de uma mãe, de uma esposa, etc. Assim se faz, assim não se faz.

Todo dia ela encontra alguém disposto a "ajudá-la" para tirar proveito da sua submissão. Uma vizinha observa com desprezo sua calça jeans rasgada porque não tem a coragem de expor o próprio corpo e é implacável com os corpos femininos que se expõem. O diretor não quer deixá-la falar e a interrompe dizendo "vejo que não temos mais perguntas". Um homem lhe explica o filme que ela viu, e ele não, fazendo *mansplaining** para alimentar o próprio ego.

Dessa forma, uma mulher adulta com uma impressionante lista de conquistas e realizações vive uma vida acanhada; uma vida que reflete expectativas alheias ou, melhor, a ideia que ela tem dessas expectativas. Quando observo minhas amigas e outras mulheres, conhecidas ou não (assim como eu mesma em vários momentos da vida), sou invadida pela tristeza ao perceber que alguém perde seu tempo vivendo assim, com essa maldita exigência de ser "boa", bem-comportada, essa obrigação de nos ajustarmos ao ideal de pessoas com as quais nem pretendemos estabelecer qualquer relação, essa submissão que parece correr em nossas veias. Não importa se somos professoras universitárias, se fazemos discursos em conferências importantes, se movimentamos milhões de euros em uma multinacional: essa exigência parece uma sanguessuga que não somos capazes de arrancar. Não se engane pensando que as altas executivas, as

---

* Situação em que uma pessoa (normalmente um homem) "educa" outra (normalmente uma mulher) em tom condescendente, com a convicção de que tem mais conhecimento, mais informação e mais direito a opinar sobre qualquer assunto.

empresárias ou as celebridades não precisam lidar com isso: a Submissa também vive nelas e é igual à minha e à sua. E também se manifesta nos pensamentos de mulheres que fizeram cursos de atenção plena, se formaram em escolas de lideranças e quebraram várias tábuas de madeira em cursos de defesa pessoal.

Certa vez, conheci uma mulher desesperada. Seu filho adulto tinha morrido havia poucos dias. Essa mulher, em pleno luto, se sentia obrigada a limpar a casa e cozinhar para a família inteira. A mão tremia enquanto ela colocava a tampa na panela de sopa. "Vou guardar a panela quente na geladeira!" Esse foi seu maior ato de rebeldia. Quando essa mulher era pequena, minha mãe ainda não tinha nascido, e na maior parte dos países europeus as mulheres nem sequer tinham direito a votar. Hoje consigo enxergar a Submissa em mim, observá-la e escrever sobre ela; não porque eu seja uma mulher "melhor" do que aquela senhora desesperada, mas simplesmente porque nasci mais tarde, em um mundo no qual é possível colher os frutos da luta pelos nossos direitos.

Como é possível que as nossas Submissas tenham se instalado tão fundo em nós? Cadê o responsável? Quem nos impõe essas exigências? Aquela vizinha, o diretor, o tio? A Igreja? A escola? O conselho de administração? Ninguém sabe ao certo. São todos ao mesmo tempo e ninguém em particular. Porém, enquanto meu dedo estiver apontado para os outros, em um gesto de culpabilização, nada vai mudar. A lição mais importante que aprendi com minha própria experiência é a de que todas as exigências, expectativas e censuras só chegam a ter um significado quando eu as deixo entrar, ou seja – como diríamos no campo da psicologia –, quando as internalizo. A pressão costuma vir de fora, mas eu só a assumo como minha quando abro a porta e digo: "Entre, fique à vontade, não precisa tirar o sapato." Quanto mais tempo vivo neste mundo, com maior clareza enxergo que a responsabilidade por ceder a essa pressão é apenas minha. E que, exceto em situações extremas que raramente acontecem, eu sempre tenho escolha.

O mundo tecido a partir da ansiedade da Submissa é diferente. Ela é adestrada para ser bem-comportada. "Seja amável." "Deixe pra lá, não insista." Não quero ser chata enumerando todas essas fórmulas: nós duas as conhecemos muito bem. A minha Submissa saúda a sua Submissa – e cada uma se curva mais do que a outra porque nenhuma das duas quer ficar por cima. A Submissa, assim como outros personagens interiores, está apenas tentando sobreviver: fica imóvel como um animal que não quer ser atacado e se finge de morta. E na verdade está mesmo, pois, quando ela se apodera de você, você desaparece: as suas necessidades e os seus limites deixam de existir, a sua opinião e os seus sentimentos não contam. E nem você mesma sabe do que precisa, não sabe quem é nem o que sente, pois concentrou todos os seus esforços em ficar quieta. Você tentou ocupar o menor espaço possível, sem nem sequer respirar. E essa é uma tarefa muito difícil.

Com o passar dos anos, a Submissa vai conquistando novos espaços. Um caminho muito comum é o chamado "trabalho emocional" (*emotional labor*). O termo foi cunhado em 1983, em *The Managed Heart* (O coração administrado), de Arlie Russell Hochschild. O trabalho emocional foi definido por ela como "uma regulação consciente da expressão dos estados emocionais para demonstrar as emoções desejadas em um determinado cargo profissional".

Hochschild começou seu estudo analisando as comissárias de bordo: sempre com um sorriso aberto, amáveis em todas as situações. A autora se perguntou qual seria o processo por trás daqueles sorrisos. Eu viajava muito de avião antigamente e vi tudo isso de perto: saltos altos, roupas justas, batom... Depois de quantas horas de voo? O mesmo sorriso como resposta à pergunta raivosa de um passageiro sobre a falta de suco de laranja, às provocações vulgares de homens embriagados, às reclamações a respeito do tamanho do assento. Mas o que acontecia no interior dessas mulheres? Pensei muito nisso. E sabia que, quando o avião tivesse aterrissado e nós tivéssemos voltado às nossas casas e aos nossos escritórios, eu descobriria que as comissárias de bordo não eram as únicas com um sorriso fixo nos lábios. Hochschild observou que todas as pessoas presas (por vontade própria ou não) ao trabalho emocional ocultam as emoções que sentem. *I smile when I'm angry*, "eu sorrio quando estou com raiva", cantava meu querido Leonard Cohen, e que levante a mão a mulher que nunca fez isso. Basta esconder o que você sente e o assunto estará resolvido; combata sua raiva com um sorriso e seu cliente (ou seja lá quem for) ficará calmo e você poderá seguir com seu dia. Mas, no final, o que terá sobrado para você?

Eu me lembro de um curso sobre assertividade que montei há alguns anos para um grupo de cientistas de uma universidade polonesa. Nele, interpretávamos uma cena na qual um professor mais velho contava piadas obscenas, e a tarefa de uma das doutorandas era encontrar uma maneira de dizer "chega". A doutoranda era gentil, bem-comportada, tranquila; o professor se comportava de acordo com o que sua interlocutora permitia: ou seja, ele disse tudo que quis. No momento de comentar a cena, uma participante mais velha quase gritou para a menina que interpretara a doutoranda: "Cadê a sua raiva?" Essa pergunta ficou gravada na minha memória e eu sempre me lembro dela. "Cadê a sua raiva?" A mesma raiva que, supostamente, acaba com a nossa beleza, que nos ensinaram a não expressar nem sentir. E a raiva não manifestada – durante uma conversa com um professor ou com qualquer outra pessoa que deixamos pisar na gente – não desaparece num passe de mágica. Ela é energia viva que circula no nosso corpo.

Poderíamos perguntar: e depois, o que acontece com ela? Quando faço essa pergunta durante os cursos, todo mundo sabe a resposta e redige longas listas com as consequências graves dos sentimentos reprimidos e não expressados. O caminho preferido das mulheres é direcionar a raiva a si mesmas. E saber disso me enche de tristeza: muitas de nós – uma infinidade de mulheres – chegam à conclusão de que isso é o melhor a fazer. Você acha que não faz isso? Preste atenção nos pensamentos que surgem na sua cabeça. "Sou muito burra mesmo, meu Deus! Devia ter respondido à cliente. Como sou idiota!" Que mulher nunca teve pensamentos desse tipo? Agora imagine que você tem à sua frente uma amiga, ou uma conhecida de quem gosta, e dirija estas palavras a ela: "Você é muito burra mesmo, meu Deus! Devia ter respondido à cliente. Como você é idiota!" Você falaria com ela assim? Não, porque vocês são amigas, não é? E onde foi parar a amizade que sentimos por nós mesmas?

Além de ocultar as emoções que sentimos, segundo Hochschild, também demonstramos emoções que não sentimos. Porque não basta que uma comissária de bordo não demonstre sua ira: ela também se vê obrigada a mostrar gentileza, a expressá-la com um sorriso e um tom de voz tranquilo e suave. Fazendo isso, ela atende ao cliente não apenas no nível prático – servindo uma bebida ou oferecendo uma manta –, mas também em nível emocional. Ela conduz o cliente de um estado de mal-estar a outro, de certa complacência.

O problema com a tarefa de restituir o bem-estar a alguém é que gastamos nossa energia e fazemos o outro acreditar que alguém sempre ficará encarregado de "resolver" suas emoções. O mecanismo é idêntico ao do aprendizado de amarrar os cadarços: se continuarmos fazendo isso para os nossos filhos, eles nunca aprenderão. É exatamente assim, e eu posso afirmar porque passei horas e horas amarrando os cadarços do meu filho. Imagine uma manhã especialmente caótica, em que vocês precisavam já ter saído de casa dez minutos antes, mas você não está encontrando as chaves porque esqueceu que trocou de bolsa, e agora seu querido filho se nega categoricamente a sair de casa sem seu elefante de pelúcia, que você não encontra na bolsa que estava usando antes nem na de agora. No final das contas, você prefere amarrar os cadarços dele para não perder mais tempo. Nessa situação, você resolve deixar pra lá todas as teorias sobre o desenvolvimento infantil porque, sinceramente, quem pensa nessas coisas às oito da manhã? Você amarra os cadarços dele, reclamando em voz baixa, e a mesma coisa volta a acontecer na quinta, na sexta e na segunda-feira da semana seguinte. Até que chega o inevitável momento em que a professora do jardim de infância pede para conversar com você e diz que precisa cuidar de quinze crianças e que, se tiver que amarrar os cadarços de quinze pares de sapatos, o passeio vai atrasar 15 minutos. Talvez tenha chegado o momento de você ensinar Szymon (ou seja, seu filho) a amarrar os próprios cadarços.

Infelizmente, nenhuma professora vai nos pedir que deixemos de ser responsáveis pelas emoções de outras pessoas que já são bem crescidinhas (pelo menos teoricamente). E muitas mulheres se dedicam a isso com afinco, todos os dias, durante a vida inteira. Quando sente que seu interlocutor – em qualquer situação: à mesa, no meio de uma reunião, em um passeio –

está chegando ao limite, você corre para ajudar. Isso porque tem esse hábito, porque é uma tarefa que você assumiu, porque, nesse momento, parece ser a melhor solução. E porque, acima de tudo, isso vai ajudar você a aliviar sua própria tensão e o medo de que o monstro dentro de você desperte.

O conceito de trabalho emocional também foi apresentado por Gemma Hartley, colunista da *Harper's Bazaar*, primeiro em uma coluna e depois no livro *Fed Up: Emotional Labor, Women, and the Way Forward* (Estou cansada! Trabalho emocional, mulheres e como seguir em frente). A coluna descrevia uma situação da vida de Gemma: havia dois dias, seu marido tinha deixado uma caixa cheia de papel de presente no meio da sala de estar. Após passar esse tempo tentando não tropeçar na caixa, Hartley se cansou, pegou uma cadeira na cozinha e tentou guardar a caixa em uma prateleira superior do armário, onde ela ficava. "Era só ter me pedido", disse o marido de Gemma ao ver que ela não estava conseguindo guardar a caixa. "Esse é o problema!", explodiu Gemma, com lágrimas nos olhos. "Eu não deveria ter que pedir para você fazer isso!" Dessa experiência nasceu seu novo enfoque sobre o trabalho emocional. Hartley o definiu como "um trabalho não remunerado e invisível que fazemos para que as pessoas ao nosso redor estejam confortáveis e contentes". E faz parte desse conforto poder atravessar um cômodo sem tropeçar em uma caixa que está no chão há dias, porque alguém percebeu que a caixa estava lá e das duas, uma: ou essa pessoa avisou que a caixa deveria ser guardada ou ela mesma o fez. É só uma caixa, nada de mais. Mas, quando passam a se multiplicar *ad infinitum*, essas pequenas coisas começam a se transformar em um esforço significativo.

Se você faz o trabalho emocional, se sentirá obrigada a se lembrar do aniversário de sua colega de trabalho, o lembrará aos demais e acabará encarregada de comprar o presente, porque, afinal, sabe perfeitamente o que essa colega gostaria de ganhar. Você se lembrará da marca de café que ela adora. E também se lembrará de quantos filhos ela tem e perguntará por eles. Quando entrar em uma sala de reunião e encontrar xícaras vazias em cima da mesa, você as levará à cozinha para que os demais não se sintam incomodados. Mais tarde, durante a tal reunião, perceberá a tensão na voz de um colega e dirá algo engraçado para relaxar o ambiente. Em casa, explicará ao seu filho por que seu marido se zangou com ele e explicará ao seu marido os motivos da chateação dele. Depois perguntará aos dois o que querem jantar. Enquanto vê vestidos na internet, escutará a verborreia do seu chefe, que vai ligar do aeroporto, reclamando que ainda falta muito para a conexão dele. E você vai sorrir, mesmo estando muito triste, quando alguém, ao passar por você no escritório, disser: "Por que essa cara? Sorria!"

Os autores e autoras que escrevem sobre trabalho emocional insistem em um ponto: o trabalho emocional é algo que se faz sob pressão – especialmente a que vem de nós mesmas. É possível fazer a maior parte das ações que acabei de descrever com prazer, de coração, sentindo que nos nutrimos e nos enchemos de energia. Eu posso querer convidar dez amigos para jantar, lembrar o que eles gostam de comer, alimentá-los, entretê-los com uma conversa agradável e depois limpar tudo, me jogar em uma poltrona e ficar rememorando como o encontro foi bom.

A questão central parece residir na motivação. O trabalho emocional, assim como outras ações da Submissa, nasce do medo, desse recôndito lugar dentro de nós que teme que toda a atenção que o mundo nos oferece, toda a sua simpatia, seja revogada de maneira irreversível se deixarmos de nos esforçar. Por experiência própria, digo que esse tipo de motivação, assim como todas as outras coisas importantes, se reflete no corpo: quando a Submissa se prepara para entrar em ação, vem uma sensação de nó no estômago, como um bolo de tensão que precisa ser descarregado. Outra pista pode ser a linguagem dos nossos pensamentos: todos esses "eu tenho que", "não posso", "deveria" e "é assim que as coisas são" indicam que a Submissa está no comando.

No meu caso, vivi um momento decisivo que me permitiu descobrir toda a verdade sobre a Submissa. Eu me dei conta de que, quando imaginava estar sendo empática e me preocupando com os demais, na verdade estava me preocupando comigo mesma e agindo por medo. E só tomei consciência disso graças a um papo que tive com um amigo, relatando uma outra conversa em que tinha ficado preocupada com meu interlocutor e me abstivera de fazer um comentário crítico para não magoá-lo – porque sentia muita empatia por ele. E enfiei essas três coisas no mesmo saco, como se empatia, preocupação com o bem-estar dos outros e não querer magoar ninguém fossem a mesma coisa.

"E qual era a opinião dele sobre isso?", perguntou meu amigo. "Bem...", hesitei, procurando desesperadamente uma resposta no meu cérebro, como se estivesse tentando encontrar um pé de meia perdido num armário bagunçado. Para mim, ficava cada vez mais evidente que eu simplesmente não sabia, que não tinha a menor ideia de qual era a opinião do meu interlocutor – que me despertava tanta preocupação – sobre aquela situação. "Você não sabe, né?", meu amigo intuiu, vendo a expressão no meu rosto. E a falta de tato desse mesmo amigo já havia salvado minha vida mais de uma vez. "É, você não sabe", respondeu ele mesmo, enquanto eu continuava vasculhando minha memória. "Bem, então você não foi empática", ele concluiu, sem mais delongas. Nesse momento, enxerguei claramente: minha preocupação com alguém não tem nada a ver com empatia, assim como meu medo de magoar o outro não costuma ter nada a ver com ele. Quando me livro dessa fantasia de falsa empatia, o que vejo por baixo é meu próprio medo, o medo da Submissa. Não empatia.

Eu tenho medo de dizer a você o que realmente gostaria de dizer porque tenho medo da sua reação. E tenho medo da sua reação porque tenho medo de você parar de me aceitar. E tenho medo de você parar de me aceitar porque eu não aceito a mim mesma: se me aceitasse, não buscaria a aceitação externa.

A Submissa, a Boa Moça, não sente que pode se apoiar em si mesma. E continuará buscando fora o que não consegue encontrar em si, da mesma forma que não podemos comprar um rímel em uma loja de eletrodomésticos.

Certas vezes, essa busca se torna dramática. Uma mulher que permite à Submissa ocupar um lugar central na sua psique vive constantemente faminta. Ela não é capaz de se sentir saciada porque não satisfaz as próprias necessidades, e não as satisfaz porque não as conhece. Parafraseando Clarissa Pinkola Estés, autora do livro *Mulheres que correm com os lobos*, uma mulher assim perde o contato com seu instinto primitivo e vira presa fácil para quem promete alimentá-la. Nesse livro, há uma metáfora dolorosa, mas muito clara sobre a personagem da menina que vende fósforos, do conto de Hans Christian Andersen. A menina morre de frio na rua porque não tem um lar interior tranquilo e quentinho. Desterrada de si mesma, decide acender um fósforo para sentir um alívio momentâneo: "Suas mãos estavam endurecidas pelo frio, ela não conseguia nem segurar a caixa de fósforos direito. E se acendesse um deles para se aquecer? Só um. Ao se lembrar do calor, não tinha mais forças para resistir à tentação. Só um fósforo."

O que costuma fazer o papel do fósforo na nossa vida? Além dos narcóticos mais comuns como o vinho, o cigarro e os calmantes, esse papel também pode ser preenchido pelas histórias de amor. Não estou falando das que são o princípio de um relacionamento profundo nem das aventuras felizes. Falo das que terminam com um coração partido e das que, desde o princípio, sabemos que um dia chegarão ao fim. Elas costumam surgir quando uma mulher está especialmente fragilizada.

Um estudo do programa Alcoólicos Anônimos revelou que um alcoolista sóbrio tem uma possibilidade maior de entrar em um bar e ter uma recaída quando está com fome, com raiva, solitário ou cansado (no inglês, forma-se o acrônimo *HALT: Hungry, Angry, Lonely and Tired*). A Submissa vive faminta, cansada e, embora não esteja em contato direto com a própria raiva e pareça satisfeita com a vida, vai acumulando dentro de si camadas e mais camadas de raiva, pois constantemente se expõe a pessoas que desrespeitam seus limites – e *ela mesma* nem sabe quais limites são esses. Ela está sozinha porque, encolhida e diminuída, não sabe receber. Furiosa, cansada e faminta, ela está tão frágil que, em busca de um pouco de calor, acende um fósforo – que muitas vezes é uma aventura da qual sai com o coração partido.

Há algum tempo, elaborei minha própria teoria sobre casos extraconjugais baseando-me exatamente na história dessa vendedora de fósforos. As mulheres com as quais conversei me contaram tantos causos parecidos que comecei a enxergar fases que se repetiam e eram previsíveis.

Na primeira fase, a Pequena Vendedora de Fósforos Adulta, que está abandonada e com frio por culpa da própria submissão, acredita que não está acontecendo nada. Essa etapa de negação faz com que ela baixe a guarda e siga em frente com a aventura.

A mulher faminta repete para si mesma que é apenas "um flerte inocente", mesmo que sua amiga, escutando sua história enquanto tomam um café, enxergue e intua que isso é apenas o começo. "O que você está dizendo? Isso não é nada, você está imaginando coisas!", responde a mulher que está no primeiro passo de um longo caminho "de mil milhas", como diz o provérbio chinês.

Se você é uma mulher que já passou por algo assim, é possível que se lembre do início da história: *"The saddest part of a broken heart / Isn't the ending so much as the start"*, canta Feist – "A parte mais triste de um coração partido não é o fim, mas o início". No entanto, só descobrimos isso quando o processo chega ao fim. No início, não existe tristeza, pois o momento imediatamente anterior, pouco antes de acendermos o fósforo, é bonito, cheio de vida, vibrante, cheio de uma energia que nos contagia com o espírito de Eros. Uma notificação no celular, uma mensagem lida discretamente, um olhar mais demorado que o normal no trabalho. "Não está acontecendo nada." Depois chega o momento de acender o fósforo. A garota sente o calor e, por um instante, acha que isso é a felicidade, pois tudo tem sabor de felicidade. A Submissa escuta que é bonita, extraordinária e que só um bobo não enxergaria tudo isso.

Por um momento, vendo-se refletida nos olhos do amante, ela tem a sensação de que isso é verdade. É um momento glorioso, a vingança frente a todos que a menosprezavam, frente a si mesma, que também se menosprezava. Não é de estranhar que a Submissa estenda a mão, pedindo outro fósforo. "No sábado que vem vou precisar ir a outro congresso", ela diz ao marido depois do jantar. À meia-noite, pega o celular na mesa de cabeceira, e o aparelho se ilumina de repente. "O que você está fazendo com o celular uma hora dessas?", pergunta o marido. "Nada, vou programar o despertador."

O problema é que essa vendedora de fósforos tem um número muito reduzido de fósforos, e cada vez tem menos em sua caixinha. Essa história não vai terminar bem. Restam apenas dois. Ela acende o penúltimo, tira o último da caixa... mas o fósforo já está queimado. A caixa está vazia. Ela liga para um celular que está desligado ou fora de cobertura.

"Os vícios começam e terminam com a dor", diz Gabor Maté, psicoterapeuta canadense. Por que estou comparando uma aventura amorosa sem final feliz com um vício? Porque intuo que as duas coisas sejam fruto da fome e do medo da Submissa; e que, como todos os vícios, essa aventura seja estimulada pelo cansaço e por uma necessidade de alívio, por mais momentâneo que seja. Uma necessidade de sentir que ela tem algum valor, ainda que por um instante. Poderíamos dar a nós mesmas aquele conselho que sua amiga lhe deu, para que tivesse cuidado, poderíamos enxergar o que ela enxergou.

Mas só poderíamos fazer isso se a Submissa não governasse nossas escolhas, se não estivéssemos famintas, solitárias e cansadas. O que fazemos por medo nunca saciará nossa fome. O que fazemos por conta da dor nunca nos alimentará.

O que está fora de nós nunca nos alimentará.

A Submissa nos conduz por caminhos equivocados não porque deseje o nosso mal. Ela o faz simplesmente por não conhecer outros.

No entanto, existe uma saída, uma porta, uma maneira de transformá-la, capaz de diluir o medo e transformá-lo em amor.

A Rainha da Neve

Sopre em mim, rainha, com seu sopro gélido

À minha frente, sentava-se uma mulher impecável. Se você, ao folhear revistas de moda, faz comentários sarcásticos, do tipo "no mundo real, ninguém é assim", saiba que aquela mulher era tudo isso. Dos saltos altos às pérolas, do sérum ao bronzeado que refletia a luz, do cabelo sedoso e escorrido ao batom hidratante da Dior, ela era perfeita. Não sei quantos anos teria, mas, se atuasse em um filme com flashbacks, poderia facilmente interpretar a si mesma vinte anos antes.

Começamos a conversar sobre trabalho, empregando a linguagem dos negócios, sobre assuntos que giravam em torno de vendas e lucros – ainda que estes não tivessem nada a ver com a felicidade da minha interlocutora. E trocávamos ideias sobre objetivos, sinergias. As palavras voavam ao nosso redor como um enxame de moscas enquanto conversávamos naquela sala de reunião chique.

E foi então que eu percebi que ela chorava. Não de verdade, pois continuava envolta naquela aura de perfeição, mas foi como se alguém, diante dos meus olhos, projetasse, de maneira quase imperceptível, a imagem dessa mesma mulher, no meio da noite, na escuridão de seu quarto, sem maquiagem e despenteada, chorando no travesseiro. "Menos mal que nos resta o choro, pois ele garante que não nos transformemos em máquinas perfeitas", escreveu Marion Woodman, analista junguiana que vou citar em várias passagens aqui e cujo livro *O vício da perfeição* acabou virando um dos mais importantes da minha vida.

Semanas depois desse nosso encontro, vi essa mulher chorando de verdade. Ao fim do curso de formação, nós duas ficamos na sala de reunião e ela me contou toda a sua vida enquanto as lágrimas estragavam sua maquiagem.

Nenhum rímel é tão resistente assim. Escondida sob o papel que interpreta, oculta sob a maquiagem, à margem da corrida de que participa, vive uma pessoa infinitamente frágil: uma menina medrosa, uma garotinha.

Mas a Rainha da Neve – porque é dela que se trata este capítulo – não quer conhecer essa menina. E esta foi a maneira que encontrou para sobreviver: congelar seu coração e se lançar em uma luta de vida ou morte. Correr, ganhar, superar os demais, subir ao pódio, passar rapidamente pelas desnecessárias cerimônias de premiações, descer do pódio e continuar correndo sem nunca se permitir "momentos de fraqueza", construir fortes, blindar-se, vestir espartilhos, sutiãs *push-up* e armaduras.

A Rainha da Neve vive em uma torre alta, sem elevador. Quando penso nela, vejo o lindo rosto de Claire Underwood na série *House of Cards*, interpretada por Robin Wright. Claire está sentada em uma poltrona de concreto: está com um dos cotovelos apoiado no braço da poltrona, a mão suspensa no ar, enquanto os dedos da outra mão estão fechados e deles escorre sangue. Ela veste uma roupa de caimento perfeito para seu corpo, de cor índigo, com botões dourados, sapatos pretos de salto alto, pernas cruzadas, o cabelo loiro platinado na altura da mandíbula trincada. Com o queixo erguido, ela olha para tudo de cima, cruel. Impiedosa.

Ao criar minha colagem sobre a Rainha da Neve, acrescentei uma frase em meio às fotos: "Empurre, você não veio aqui para tirar uma soneca", que é o título de um artigo sobre partos difíceis de uma revista feminina polonesa.

Mas a Rainha da Neve não nos traz a vida; ela nos traz morte.

Na linda canção-fábula de Suzanne Vega, *The Queen and The Soldier*, um soldado chega à porta do palácio da Rainha e diz que não vai lutar em nome dela. A Rainha o deixa entrar:

Tell me how hungry are you,
how weak you must feel,
as you are living here alone
and you are never revealed.*

O soldado recita esses versos ao ver a câmara de paredes vermelhas. Ele leva a Rainha à janela, de onde se vê um campo de batalha. O sol está se pondo. A Rainha gira a cabeça. Por um segundo, algo nela se abre, se descongela, mas depois vem o medo e ela ordena que o soldado seja morto. A batalha continua.

A Rainha da Neve parece ser impiedosa, embora seja a que mais merece piedade.

O cômodo da Rainha é bem escondido, mas às vezes podemos chegar a ele por acaso. Quem me ensinou isso foi uma mulher a quem eu daria feedback, relatando como seus funcionários a enxergavam. Seus subordinados tinham preenchido

---

* Me diga quanto está faminta, / como se sente fraca, / você, que vive aqui sozinha / e nunca se revela.

EMPURRE

VOCÊ NÃO VEIO AQUI PARA TIRAR UMA SONECA

um formulário anônimo, cujos resultados foram comparados com uma autoavaliação, que ela fizera utilizando a mesma escala. A minha tarefa consistia em fazer chegar a ela as opiniões de seus empregados. Quando a avaliação é boa, esse tipo de reunião vai de vento em popa. Mas, daquela vez, não seria assim: a chefa ainda nem tinha entrado, e eu já tinha percebido que aqueles não seriam os 60 (no final das contas, foram 110) minutos mais agradáveis da minha vida. Eu tinha diante de mim os ótimos resultados da autoavaliação e os péssimos resultados das avaliações dos empregados.

Ela chegou 20 minutos atrasada e quase nem olhou para mim. "Tenho meia hora", disse, sem nem um bom-dia. E demos início ao nosso trabalho, cuja lembrança ainda me comove. Descobrir lentamente, camada após camada, o que acontecera na vida daquela mulher, forçar sua resistência, a dor, a ira, a negação, a culpa. Retirar o véu do que ainda estava vivo por trás de todas essas camadas do corpo. Uma hora e meia depois, no interior daquela mulher, outra pessoa estava no comando. "Meu Deus!", exclamou ela, com absoluto assombro, como se acabasse de ver algo pela primeira vez e não pudesse acreditar no que via. "Quem sou eu? No que me transformei? Como é possível que eu tenha me tornado igual ao meu chefe, que tanto odeio?"

Ninguém precisa viver no ambiente de uma multinacional para se transformar na Rainha da Neve. Basta ter algo que possa ser administrado com um chicote na mão. Pode ser a sua casa, onde não pode haver nenhum grãozinho de poeira. Pode ser o seu corpo, que você obriga a passar fome, pois um IMC superior a 19 faz com que você sinta desprezo por si. E – o que me parece ainda mais doloroso – pode ser seu filho ou sua filha. Tanto as mães que trabalham em uma multinacional quanto as que são "donas de casa" – uma expressão cujo real significado só é evidente para alguém que de fato tenha ficado em casa com as crianças – podem transformar os filhos em um projeto. Um projeto para ganhar a Medalha de Ouro por seu Empreendimento Materno.

Devo dizer que, nesse assunto, sou bem tendenciosa. Meu filho de 17 anos não se destacou em nada em nenhuma etapa da sua educação. A cada ano escolar, ficava mais claro que eu não poderia projetar minhas ambições frustradas em Szymon, que a minha Nerd Interior continuaria insatisfeita ao lado dele. Meu filho sempre demonstrou certa resistência frente a todas as matérias do sistema que costumamos chamar de "educacional". Após vários anos de tentativa e erro, acho que posso afirmar, com sinceridade, que costumo encontrar em mim o verdadeiro respeito pelo Ser que o meu filho é – com todas as suas particularidades e todos os seus talentos em áreas que não aparecem no boletim escolar, com toda a sua rebeldia e sua arrogante determinação em fazer tudo do jeito dele. Quando, em um momento de desespero, recorri ao livro *Nastolatki* (A puberdade), de Jesper Juul, encontrei nele uma definição da confiança em um filho adolescente, o que foi muito importante para mim como mãe. Juul escreveu que essa confiança se baseia não em que seu filho seja como você deseja, mas em como ele quer ser.

As mães Rainhas da Neve seguem um caminho diferente. Seus filhos devem cumprir o que elas exigem deles e ponto-final – do nascer do sol até tarde da noite, sem momentos de descanso, com os deveres feitos no carro, no caminho entre as aulas de violino e de balé. Com frequência, eu escuto essas mães dizendo que são seus filhos que "querem" trabalhar 14 horas por dia. Sempre que escuto isso, sinto uma tristeza profunda. As mulheres governadas internamente pela Rainha da Neve amam seus filhos, mas não amam a si próprias, por isso não conseguem parar. E não sabem permitir que seus filhos parem, que fiquem entediados, que brinquem ou que simplesmente não façam nada. Marion Woodman me contou tudo sobre as Rainhas da Neve. E não só sobre elas. Quando terminei de ler *O vício da perfeição*, eu disse ao meu marido: "Depois de ler esse livro, eu entendi TUDO. Se você quiser saber alguma coisa, pode me perguntar."

Woodman, como eu já disse, foi uma analista junguiana. Jung, o psiquiatra suíço, introduziu na cultura ocidental a ideia dos arquétipos masculino e feminino. Ele baseou sua teoria na antiga filosofia chinesa, segundo a qual, no mundo, dois tipos de energia se entrelaçam: o yin (que Jung chamou de "feminina") e o yang ("masculina"). O mundo precisa dessas duas energias, que devem estar em equilíbrio. E esse equilíbrio é indispensável tanto para o mundo quanto para qualquer uma de nós. O hinduísmo chama essas duas energias de Shiva e Shakti.

Considero problemático utilizar os termos "masculina" e "feminina" para nos referirmos a essas energias porque temo que essa visão do yin e yang apenas reforce os estereótipos relacionados com o que é masculino e o que é feminino. Porém, como há mais de dez anos não sou capaz de distinguir qual das duas é o yin e qual é o yang, decidi me permitir utilizar os conceitos junguianos, mas sempre entre aspas, como um protesto contra o patriarcado.

Arquétipo "masculino": para Jung, a energia "masculina" significa a energia da ação, de seguir em frente, de perseguir, conseguir, competir. É também a energia da mente, da análise, da diferenciação: a energia do "ou isso ou aquilo". "Branco ou preto?" É também a energia das regras, dos princípios, do abstrato, do que é estabelecido de maneira arbitrária. É, portanto, a energia hierárquica dicotômica que divide o mundo entre bem e mal, certo e errado, o que está de acordo com as regras e o que é contrário às regras. Woodman diz também que é a energia do espírito, da mesma forma que a regra é algo superior a uma vida e um corpo individuais.

A energia "feminina" é a energia do reconhecimento, da distinção, de experimentar tudo como surge. É a energia de uma casa de pedra incrustada em uma formação rochosa marinha, e não de um hotel de dez andares construído na praia. A energia "feminina" é a energia do ser, não do fazer; é uma energia holística, na qual não existe "ou isso ou aquilo", mas "isso e aquilo também". É a energia do corpo, de uma vida individual, da encarnação do espírito na cotidianidade crua da vida no corpo humano. É a energia das curtas distâncias, da falta de distância, da sensibilidade, da intimidade. A energia da igualdade, de sentar-se em um círculo sem que ninguém esteja no comando.

O homem precisa de uma energia "masculina" e uma energia "feminina" maduras. A mulher também. Isso significa que a energia "feminina" deve ser predominante nas mulheres e a "masculina" nos homens? A maior parte das mulheres que conheci estavam mais próximas da energia "feminina"; e a maior parte dos homens, da "masculina". Então, não será essa a norma? Acho que não. Eu acredito na liberdade de escolhermos do que queremos nos nutrir. E acho que nos limitar a uma única energia nos impede de desfrutar plenamente a vida, de sentir uma alegria profunda. Um homem desconectado da intimidade, do aqui e agora, das sensações do próprio corpo estará incompleto e ferido, assim como uma mulher sem acesso à sua ambição, à sua coragem e a seu pensamento analítico.

Isso é exatamente o que o patriarcado faz: dividir tudo entre masculino e feminino, senhoras à direita e senhores à esquerda, a senhora professora e o senhor engenheiro, o homem que ganha dinheiro e a mulher que limpa, porque é isso que dita a Ordem Natural das Coisas. Eu nem penso em desperdiçar meu esmalte e meu tempo digitando uma crítica a essa maneira de pensar.

A alternativa é a dança dessas duas energias, seus entrelaçamentos; primeiro uma vai na frente, depois a outra, como quando caminhamos por uma trilha estreita no meio do bosque. As duas dançam dentro de nós, se deixarmos que elas se pronunciem.

Por que digo tudo isso ao falar sobre a Rainha da Neve? Porque preciso desses conceitos para falar sobre a gravidade do crime que cometemos contra nós mesmas quando permitimos que ela governe nossa vida. Woodman diz que algumas mulheres se maltratam para alcançar objetivos de outras pessoas, que se subjugam para perseguir novos objetivos, que se declaram a favor da hierarquia. A energia da norma não equilibrada pela energia de viver no próprio corpo, de viver de acordo com esse corpo e segundo nossas próprias regras, faz com que busquemos a perfeição e que, supostamente, lutemos por ela. Essa luta, segundo Woodman, transforma as Rainhas em mortas-vivas. Ela diz: "Buscar a perfeição é afastar-se da vida ou, pior ainda, não ter vivido. (...) Se você vive de acordo com as regras, significa que não vive sua própria vida. É mais fácil tentar ser melhor do que você é do que ser quem você realmente é. Quando você tenta alcançar o ideal, vive em uma constante sensação de irrealidade. Tem que haver alguma alegria, você pensa. Não é possível que tudo se limite a 'ter que, dever, precisar'. E, quando chega a crise, a verdade aparece: você se abandonou. E o castelo de cartas desaba."

Enquanto eu transmitia à mulher as avaliações negativas de seus funcionários, ela teve a coragem de enxergar tudo isso e, chorando, perguntou: "No que me transformei?" A mulher que chorava na minha frente, a mesma que, poucos minutos antes, entrara na sala com uma maquiagem perfeita, percebeu tudo com enorme clareza: o mundo em que ela ficava até meia-noite corrigindo erros de ortografia de uma apresentação não era o seu. Ela se deixara levar a uma carreira por uma causa que, no fundo, lhe era alheia. Se não mudasse, de alguma maneira continuaria morta.

A Rainha da Neve sempre "chega a um acordo" com a Submissa. As duas convivem em uma camaradagem pouco saudável que é muito bem descrita pela ideia do triângulo dramático, apresentada pelo psicoterapeuta Stephen Karpman. Segundo ele, as pessoas que, na infância, não experimentaram vínculos seguros e estáveis tendem a se deixar levar por essa dinâmica. No primeiro vértice está a Vítima, que muitas vezes é a Submissa: encolhida, arrastada pelas circunstâncias, sempre em um canto, sempre à mercê de alguém que a machuca, mas sem nunca dizer nada, sem lutar pelo que é seu, pois não conhece uma realidade diferente dessa que a diminui.

A Vítima tropeça ao entrar pela porta e derrama o café que estava levando para a Rainha. "Meu Deus, como sou desastrada. Me desculpe." Para piorar a situação, ela tinha se esquecido da pitada de canela. "Esqueci de colocar a canela outra vez. Como é possível eu nunca me lembrar de nada?" A Submissa sempre precisa de alguém para a sua dança; alguém a quem se submeter e que lhe dê motivos para se sentir uma coitada. E chegamos ao segundo vértice do triângulo dramático, onde está o Perseguidor. Na versão feminina, costuma ser a Rainha da Neve.

No triângulo dramático também aparece um terceiro personagem: o Salvador ou, com maior frequência, a Salvadora. Esse é um papel que a Submissa às vezes também interpreta, assumindo todo o trabalho emocional a ser feito: ela escuta a Vítima e enxuga suas lágrimas. Sem a Rainha da Neve, no entanto, nenhuma das duas teria razão para existir.

Quando Miranda Priestly (chefe de uma revista de moda e personagem principal do filme *O diabo veste Prada*) se aproxima do escritório, sua assistente diz ao fone, com voz trêmula: "Ela está chegando. Avise a todo mundo." Os funcionários e funcionárias, que até então andavam pelo escritório com passo normal, começam a correr. A assistente também corre para encher de água o copo de cristal que está em cima da mesa de Miranda. Alguém troca os tamancos que usava por saltos altos. Mãos trêmulas limpam as mesas, pintam lábios ou abrem as portas para que a Rainha da Neve não tenha que sujar as mãos nas maçanetas que outras pessoas tocaram. A porta do elevador se abre, Miranda tira os óculos de sol: "Não entendo por que é tão difícil para você confirmar uma reunião", diz à guisa de saudação à assistente, que se aproxima correndo, morta de medo. Se você quiser ver uma Rainha da Neve em ação, observe Miranda.

Durante muito tempo, acreditei que a Rainha da Neve não se sentava na cabeceira da minha mesa. Tirando umas poucas brigas em hotéis quando eu estava morta de cansaço e precisava relaxar – uma desculpa fraca, eu sei – e algumas broncas em pessoas próximas – que é um esporte nacional, pelo que vejo –, costumo ser a Submissa. Ou pelo menos era isso que eu pensava.

Mas então comecei a escutar meus pensamentos. Lembro bem do momento. Eu estava na sala de espera de um hospital, onde fora visitar um amigo que estava morrendo de câncer de pulmão. Ele estava com um médico. De repente, fui invadida por uma onda de ansiedade. A ansiedade, como costuma acontecer, não surgiu por nenhuma causa especial; era mais uma onda de medo relacionada com a morte, sua inevitabilidade, a iminente morte de um amigo e, em uma perspectiva de longo prazo, a minha também. A onda me inundava, me cobria por inteiro, eu não conseguia respirar. E escutei, com bastante clareza, uma voz fria dizer: "Não fique histérica." E, logo em seguida – isso sim era novo, ao contrário daquela voz fria que era bem familiar para mim –, fui tomada por um questionamento. De quem era aquela voz? Quem costuma dizer isso? Quem diz "não fique histérica" para uma mulher que está prestes a visitar um amigo moribundo e que sente ansiedade? Hein?

Embora eu pense muito na figura do Crítico Interior como um homem, hoje sinto que aquela voz, que eu não estava ouvindo pela primeira nem pela última vez, era da Rainha da Neve. É ela quem nos diz "não fique histérica" nesses momentos em que a única culpa que temos é a de sentir uma emoção concreta. E a Rainha da Neve coroa essa emoção com um julgamento de valor, assim como costuma-se colocar um saco na cabeça de um sequestrado. Ela bloqueia a energia do medo, põe a mordaça, proíbe o movimento.

É isso que a Rainha faz no seu mundo interior. E ela faz isso com alguém que é frágil, sensível, terno. Como se estivesse repreendendo uma criança ou assustando um garotinho já assustado. "Por que você está se lamentando sem motivo?", grunhe a Rainha da Neve enquanto você chora à noite no banho, porque é o dia do seu aniversário e ninguém se lembrou. Ela é impiedosa porque não conhece o calor humano. Ou talvez porque tenha perdido toda a esperança de encontrá-lo há muito tempo, no início do seu gélido caminho. Hoje, quando passa o dia inteiro repreendendo os filhos, reclamando com seus funcionários, se autoflagelando, está mergulhada na mesma tristeza que a Submissa, embora aparente ser forte e segura de si.

Eu imagino que, mais de uma vez, você deve ter visto uma mãe gritando com o filho ou repreendendo-o, com um tom de voz frio, em um parquinho ou no ponto de ônibus. É possível que você mesma tenha feito isso (aconteceu comigo). Vista de fora, é uma cena incômoda, às vezes angustiante. Mas o que acontece quando essa mesma cena ocorre não em um parquinho infantil, mas dentro de nós, quando nos flagelamos e ferimos? Ninguém estranha isso, como se não devêssemos nenhum carinho a nós mesmas.

Porém eu parei de sentir antipatia pela Rainha da Neve quando entendi seus motivos e sua natureza. Ela (de maneira similar à Submissa) é feita de medo e vergonha. Uma vergonha que Brené Brown, extraordinária pesquisadora americana e autora de vários livros maravilhosos, define como "uma sensação de que não merecemos amor nem senso de pertencimento".

Miranda não parece ser alguém que sinta medo nem vergonha quando entra no escritório com muita pressa e começa a cuspir ordens, mas ela sente tudo isso. O medo e a vergonha eram o que nutria a Rainha da Neve há muito tempo, antes que seu rosto se fundisse à máscara. "Não existe nada de coragem na crueldade", disse Brown. Se a Rainha da Neve sentisse que quem ela é já é suficiente, não seria a Rainha da Neve: seria simplesmente uma mulher adulta, forte e empoderada. Mas, em algum momento, no início do caminho, ela sentiu que só poderia sobreviver dessa maneira; que, se não fosse cruel consigo mesma e com o mundo, morreria; que só uma luta de vida ou morte poderia salvá-la; que, se dedicando apenas a ser, não sobreviveria. Por isso, todos os dias, ela se apresenta, obediente, na entrada do campo de trabalhos forçados e trabalha duro, incansavelmente, por água e um pedaço de pão. Ela é prisioneira e carcereira ao mesmo tempo. Não importa se come sushi no restaurante chique ou peixe com salada de marisco, sua alma está faminta. Como a Submissa, ela nasceu do medo e da vergonha, e não é capaz de sentir amor, embora lute por ele todos os dias com uma determinação de partir o coração.

A Sofredora

Certo dia, uma amiga minha não encontrava sua carteira de identidade. Ela foi à polícia, comunicou a perda do documento e tirou um novo. Parecia que essa história acabaria aí. Infelizmente, uns dois meses mais tarde, ela descobriu que a carteira na verdade tinha sido roubada e utilizada para solicitar um empréstimo de mais de 1.500 euros. No final das contas, tudo terminou bem, mas o caso se arrastou e custou muito nervosismo à minha amiga, além de muitos cigarros, muito vinho e muita raiva.

Eu fico pensando naqueles meses em que ela já tinha um documento novo e ainda não sabia que acabaria se deparando com uma dívida que nunca contraíra.

Acho que com você e também comigo já deve ter acontecido algo semelhante: alguém nos endividou sem nos avisar, mesmo que no momento não parecesse um golpe, e sim amor. Pelo menos esse era o nome que recebia. Tenho certeza de que nós também, ainda que por um instante, estivemos no outro lado: no lado das golpistas.

É bem assim que funciona o hábito de sacrificar-se pelos outros. Ninguém pergunta a um bebê: "Meu amor, me desculpe, mas você quer que sua mãe abandone o curso universitário para cuidar de você com todo o carinho, para alimentá-lo, para trocar suas fraldas, para abraçá-lo, para acordar no meio da noite sentindo uma frustração e um anseio crescente de retomar tudo o que deixou para trás, ou prefere que sua mãe termine o curso e o seu pai e a sua avó cuidem mais de você?" O bebê ainda usa fralda, balbucia ou chora, mas ele não terá um documento de identidade até vários anos mais tarde, e tudo acontece sem que ele possa intervir. Muitos anos depois, ninguém perguntará: "Desculpe, meu filho, você quer comer uma refeição caseira, preparada por sua mãe que está esgotada depois do trabalho, ou prefere uma sopa de caixinha e umas almôndegas congeladas para que, em troca, sua mãe possa descansar um pouco e ficar mais contente, em vez de ir acumulando, dia após dia, uma raiva que mais tarde você terá que pagar com seu sentimento de culpa?".

A Sofredora nem pergunta se você quer se endividar. Ela costuma ter um aspecto inofensivo, mãos calejadas, voz baixa, olheiras, raízes brancas – afinal, quem tem tempo de ir ao cabeleireiro? Quem quer gastar dinheiro com essas coisas?! Porém, se encararmos a verdade psicológica do que está acontecendo, enxergaremos a violência em sua forma mais enganosa e tóxica, chamada pelos psicólogos de "violência passiva".

O objetivo da violência é ultrapassar os limites, não levar o outro em consideração. Quando você quer ultrapassar um caminhão em uma estrada e percebe que, após um segundo, tem outro carro colado na sua traseira, piscando os faróis, porque o motorista não pode esperar nem deixar você voltar tranquilamente à pista da direita, isso é violência. O motorista desse carro antepõe a necessidade que sente de viajar a 220 quilômetros por hora à sua comodidade de completar tranquilamente a manobra de ultrapassagem. Quando alguém começa a gritar com

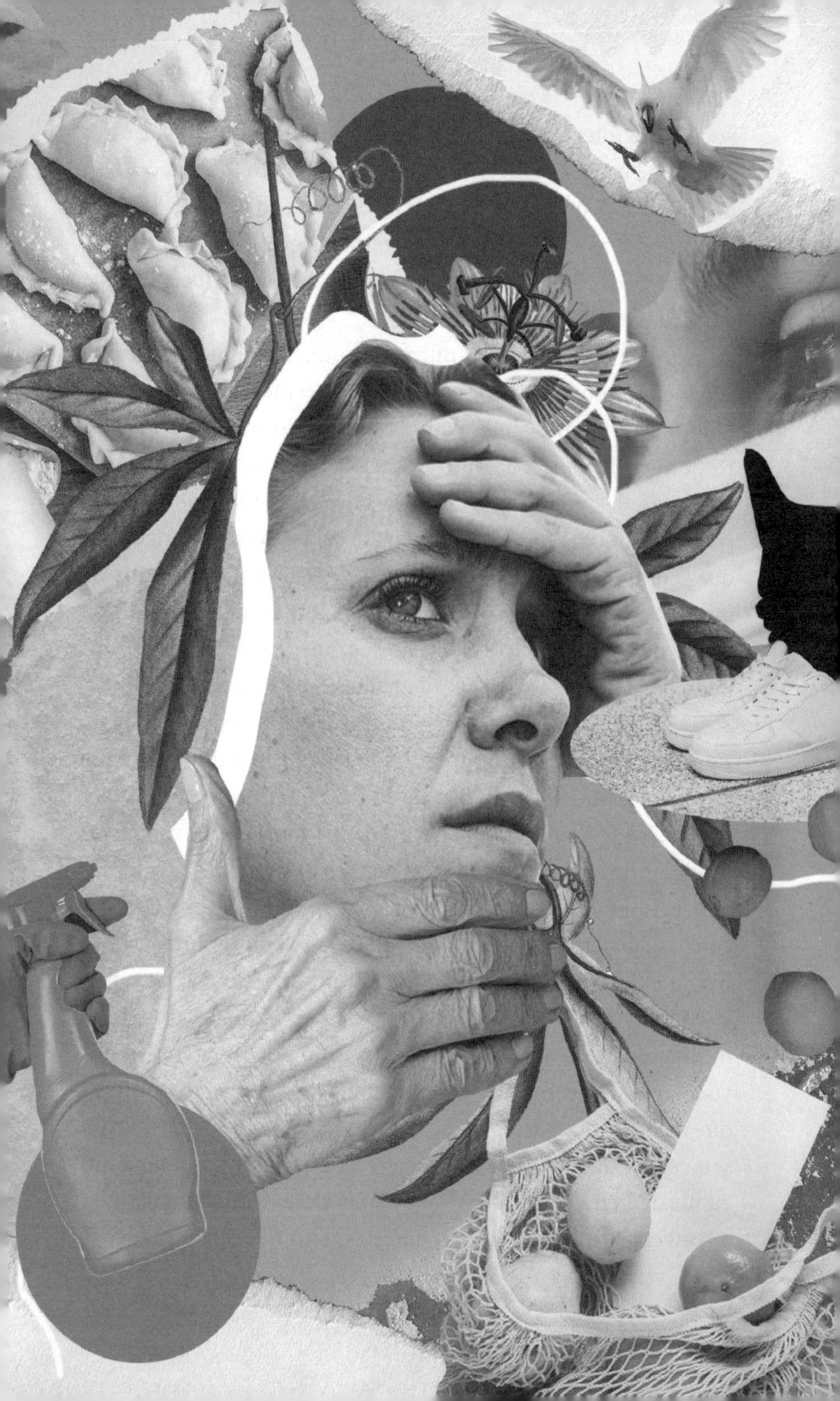

você ou te interrompe, isso é violência. Quando você diz estar sem fome e alguém lhe serve outro "pedacinho" de frango, isso é violência. A questão está na falta de respeito aos seus limites. Para piorar, as mãos cansadas e trêmulas que lhe oferecem um terceiro pedaço de frango parecem tão frágeis e inocentes que é difícil perceber isso.

A violência passiva se nutre da culpa. Imagine a seguinte cena: eu chego em casa e na entrada vejo meu filho com o celular. Peço que me ajude com as sacolas do mercado, mas ele responde: "Já vou." Eu, enfurecida, pego as duas ou três sacolas mais pesadas e começo a arrastá-las. Nesse momento, se me sinto inspirada, é possível que eu até caia e deixe as tangerinas que "comprei para ele" rolarem em direção aos seus "tênis de marca" – também fruto do meu trabalho árduo. E desfilo na frente dele com as sacolas. E não se trata de que eu tenha mudado de ideia e ache que agora meu filho não precisa me ajudar. A questão é que, se ele não me oferece o que pedi, eu me vingo. Você vai me pagar, filhinho querido, e vai pagar um preço que ninguém gosta: o sentimento de culpa. Eu sei que você vai dizer que estava terminando de escrever uma mensagem, vai deixar o celular de lado, tentar tirar as sacolas das minhas mãos. Mas não, agora é tarde demais, eu mesma vou levá-las: vou chegar com as sacolas na cozinha e soltá-las ao lado de um saco de batata chips vazio que ele não jogou no lixo, claro. E se eu tivesse uma terceira mão, sem parar de resmungar, ampararia minhas costas doloridas de tanto esforço por culpa dele – por você, que não me ajuda com as compras que eu fiz, compras que paguei e que carreguei até o carro. Pode ficar tranquilo com seu celular, falando bobagens com seus amiguinhos, enquanto eu me dedico a sofrer. Mas você não poderá continuar curtindo a conversa, pois vai sentir o que eu quero que sinta: que você é um mal-agradecido, um cara que não é legal, que não ajuda a própria mãe que está morta de cansaço. Eu vou me comportar como uma farpa embaixo da unha, uma pedra no sapato, e você poderá arrumar a desculpa que for que não funcionará.

Ufa.

E tudo isso vai acontecer em um silêncio quase total. Eu não vou dizer em voz alta nada disso que acabei de escrever; a única coisa que ele vai perceber serão minhas bufadas e, no máximo, um "obrigada, mas eu me resolvo sozinha" banhado em molho de reprovação. Mas ele vai saber decifrar e vai se sentir mal. Porém não vai poder me pegar em flagrante porque eu vou fingir não saber do que está falando, e ele ficará com a energia tóxica, retorcida e envenenada da minha raiva passiva.

Uma cena dessas não mata ninguém, e tenho certeza de que eu mesma a interpretarei no futuro, mais de uma vez. No entanto, aconselho a mim mesma que seja uma exceção, não a regra. E isso por uma razão muito simples: quando acaba se tornando nossa principal estrutura interior, a Sofredora nos destrói e arrasa com tudo à nossa volta.

Quero destacar uma coisa: não estou incentivando ninguém a descuidar das suas obrigações na criação dos filhos. Todos sabemos que a maternidade é um trabalho muito árduo e que esse trabalho costuma significar que teremos menos tempo para nós. Porém, quando eu faço algo porque quero fazer – como quando prefiro dormir a noite inteira, mas me levanto pelo bem do meu filho –, tudo está em ordem. O problema começa quando eu ofereço algo que não tenho. Não tenho, mas ofereço mesmo assim, e com o passar do tempo esse ato de presentear se transforma em uma espécie de protesto e manipulação.

A Sofredora se sacrificou, então não pode ser feliz. Porque sacrificar-se significa render-se, deixar-se de lado, renunciar a si mesma. Afinal, como alguém que desapareceu do mapa pode, por vontade própria, ser feliz, se existe como se não existisse?

Em polonês, "sofredora" é outro nome para a planta passiflora. É um termo botânico que designa uma planta de diversas variedades, cultivada por seus frutos doces. Aos missionários espanhóis que a encontraram na América do Sul, a flor dessa planta lembrou uma coroa de espinhos, e sua estrutura parecia o símbolo das cinco chagas de Jesus Cristo e as chicotadas que lhe infligiram dor. Sangue, lágrimas e suor são o cotidiano da Sofredora. Poucas pessoas sabem que algumas variedades de passiflora contêm uma alta concentração de glicosídeos cianogênicos, um veneno natural que, em pequenas doses, proporciona alívio, mas em altas doses pode ser letal.

A Sofredora, sacrificando-se, dá tudo de si – tudo o que tem e um pouco mais, porque um elemento essencial dessa personagem é o trabalho desmedido. Ao mesmo tempo, a voz da sua alma (que ressoa em cada uma de nós), silenciada todos os dias, repete com cada vez mais insistência: "Você está jogando sua vida fora." Para não lhe dar ouvidos, é necessário fazer ainda mais conservas e geleias caseiras, limpar a casa com maior frequência, continuar insistindo que os outros comam mesmo sem fome. E é preciso repetir à pessoa por quem ela se sacrifica – que, não se esqueça, nunca pediu isso – que ele é "o filhinho da mamãe", "meu tesouro", "meu mundo"! E isso, na minha opinião, é pesado demais, é *O massacre da serra elétrica* tornado realidade. Ser o mundo de alguém... Que horror! Que peso descomunal! Um peso que ninguém carrega por vontade própria, mas que também não pode largar. E, chegando a esse ponto, falta apenas um passo para dizer: "Joguei minha vida fora por você." Isso, aliás, é inevitável, porque se "o meu tesouro" é "tudo para mim", como essa mãe poderia cuidar de si mesma? Para fazer isso, teria que se afastar e tomar suas próprias decisões; mas uma parte delas seria contrária a tudo o que a Sofredora quer para o filho.

"Nenhuma mulher admite que é guiada por um princípio de poder quando amamenta seu bebê", disse Marion Woodman em uma entrevista a Lorraine Kisly. "E, até certo ponto, não é bem assim, porque, no final das contas, ela o alimenta. Mas, quando a criança chega a uma etapa do desenvolvimento em que não precisa tanto dela e diz: 'Mãe, não quero esse suco de laranja', ela se sente aniquilada pelo que interpreta como rejeição, e isso desperta nela uma necessidade de controle e poder. Uma situação dessas acaba distorcendo o relacionamento entre mãe e filho, porque ele se torna refém de um sentimento de culpa." Quando o filho diz "não quero", a Sofredora se sente decepcionada e, se a mulher permite que esse personagem seja a base de sua construção interior, vai querer prender o "seu tesouro" em uma cela de pseudoamor. Eu não gosto de dizer isso, mas é a verdade.

E, como já estou sendo cruel, vou dizer mais: a Sofredora se sacrificou porque foi mais fácil fazer isso. No triângulo dramático do qual já falei, além da Vítima e do Perseguidor, existe também a figura do Salvador. Os criadores desse modelo defendem que o Salvador assume essa posição para não ter que cuidar de si mesmo. Eu diria que, talvez, ele salve os demais porque isso seja mais fácil do que salvar a si mesmo. Com a Sofredora acontece a mesma coisa: é possível que em casa, na escola ou na igreja exista mais permissividade para uma mulher que salva os outros do que para uma mulher que se mantenha fiel a si mesma. Mas será possível que essa seja uma falsa escolha, tomada sob a pressão de quinze gerações anteriores de mulheres que faziam exatamente a mesma coisa?

Além disso, como na metáfora, os filhos abandonam o ninho. E esse momento se torna muito difícil para a Sofredora, que sente seu mundo desmoronar. "Então, quem é você?", brinca uma voz interior que ela prefere não escutar. Quando uma mulher aceita o papel de Sofredora sem ressalvas, continuará aferrada a ele, pois não conhece a si mesma fora desse esquema. No mundo real, isso se traduzirá em situações cada vez mais incômodas: recriminar o filho – que conseguiu alcançar o título de doutor em física, astronomia e tecnologia aplicada – porque o colarinho da camisa dele está mal passado; ou dizer à filha – que está terminando a faculdade de belas-artes – que nenhuma mulher que se preza usa calça jeans rasgada, oferecendo-lhe mil conselhos não solicitados sobre como preparar pratos e bolos caseiros, comidas que sempre acabam enchendo as marmitas que ela precisa levar para casa porque não sabe cozinhar. E, quando a filha protesta porque não está mais com fome, não quer outro pedaço de frango ou não tem a menor intenção de se adequar aos rígidos critérios de "uma mulher que se preze", a Sofredora recorre à artilharia pesada: "Eu sacrifiquei minha vida por você, e você nem quer comer o que eu preparo." E as duas partes dessa frase são verdadeiras até certo ponto: a filha não quer mesmo comer, e a mãe, durante anos, realmente deixou de lado tudo o que foi necessário para alimentar, acalentar e vestir a filha. Na verdade, ela fez tudo isso sem necessidade, e até contribuindo para a própria ruína, porque, embora a comida, a roupa e o amor sejam coisas de que todas as crianças indiscutivelmente necessitam, sacrificar-se e agir contra si mesma só gera desgraças.

Eu lembro que, no meio de uma oficina para mulheres que eu ministrava, falei sobre meu marido e meu filho: "Eu não quero que eles precisem de mim, quero que me amem." Quando eu disse essa frase, as participantes me olharam surpresas – e devo dizer que eu também fiquei surpresa. Mas quando a repeti, para analisá-la, notei que era verdadeira: é satisfatório que eles precisem de mim, mas para mim é muito mais importante que eles simplesmente me amem.

É doloroso quando, durante vários cursos ou oficinas, escuto as mulheres falando sobre sua verdadeira paixão e depois dizerem: "Bem, mas aí vieram as crianças, e você sabe como é, né?" Esse "sabe como é" significa que não existe outro caminho além do sacrifício da própria paixão, da renúncia a uma parte de si mesma. "Eu adoro montar a cavalo, mas não monto mais, tenho filhos, e sabe como é. Eu pintava, e adorava, mas agora, sabe como é, não pinto mais. Eu gosto de velejar, quer dizer, gostava, porque sabe como é..."

Se esse "sabe como é" durar pouco tempo, se a mulher voltar a andar a cavalo, pintar ou velejar, talvez consiga assimilar essa experiência. Porém, se ela abandonar definitivamente o que a nutria e acabar se entregando ao papel de mãe na sua versão mais conservadora, presa como os espartilhos das nossas bisavós, nem perceberá quando a Sofredora acabar ocupando o lugar central da sua mesa. E isso não beneficiará ninguém, a menos que a maternidade se transforme em sua verdadeira, sincera e única paixão (não conheço nenhuma mulher assim, mas não posso dizer que não existam). Nesse caso, porém, após uns vinte anos, ela deverá encontrar algo para tomar o lugar da sua paixão.

Se você oferece mais do que tem, acaba obrigando alguém a contrair uma dívida com você. E o seu filhinho, a sua vida, seu tesouro, se transformará em seu devedor, e você, sem saber como nem quando, acabará com raiva dele. E, quando seu filho começar a se distanciar – o que é mais do que desejável –, você se sentirá "abandonada" e "decepcionada" por conta das decisões tomadas pelo seu "tudo para mim" maior de idade. No lugar daquilo que você chamava de "amor maternal", surgirá o sentimento de injustiça, que se transformará na sua nova moeda de troca, com a qual terá que acertar as contas. Você não conhece mulheres assim? Mulheres que sentem a necessidade de pavonear a própria desgraça para chamar a atenção, mesmo que só um pouquinho?

O mais complicado parece ser o contraste entre a aparente debilidade, fragilidade e impotência da Sofredora e o que parece ser seu verdadeiro alicerce: o mau humor. No fundo você talvez seja uma Submissa, porém anos mais tarde, após um longo período cedendo, se encolhendo, se reduzindo, é possível que toda a raiva que vem acumulando procure uma via de escape. A proibição de zangar-se, porém, continua vigente, e a raiva que sente é tão grande que não se resolve mais com a autoagressão, por isso começa a sair pelos poros de sua pele. Mas não pense em pegá-la em flagrante, porque a Sofredora age segundo as regras que ela mesma se impôs, de forma que sempre possa dizer: "Que nada, está tudo bem!"

O que a Sofredora quer? O que todos os personagens querem: amor. Eu me lembro da cena de uma comédia que me fez rir muito: o filho jogava futebol, e o pai, muito emocionado, torcia da arquibancada, gritando: "Vamos, filho, chuta! Chuta! Não se esqueça, meu amor por você é condicional!" A Sofredora recebe um recado parecido, porque, se não fosse assim, poderia simplesmente oferecer só o que quer e falar disso abertamente. Porém, para ser visível frente aos demais, deve ser serviçal e ao mesmo tempo infeliz, porque de outro modo ninguém prestaria atenção nela.

No outro extremo dessa equação estão os filhos, o marido, as amigas que tentam remediar, consolar e escutar; que atravessam toda a cidade para comprar remédios prescritos por médicos e escutam ladainhas intermináveis sobre novas desgraças... tudo em vão. A Sofredora não se deixará desarmar. Se ela se deixasse ajudar, perderia – segundo seus próprios cálculos inconscientes – o acesso à atenção dos seus entes queridos. Ela não acredita que alguém possa amá-la simplesmente por ser quem ela é – uma pessoa que talvez não queira cozinhar mais nada pelo resto da vida. Por isso, podemos ter a certeza de que, ainda que compremos a melhor pomada para dor nas articulações, ainda que a acompanhemos ao especialista mais concorrido, ainda que compremos o xale mais lindo para ela passar o inverno e, digo mais, ainda que a gente vá todo domingo na casa dela e coma até o último grão de arroz, tudo isso não vai adiantar nada.

"Elas sentem prazer na derrota, na dor e no sofrimento porque são as únicas proprietárias do universo da pena", escreveu Andrzej Leder sobre pessoas que padecem do sentimento de injustiça em seu livro *Prześniona rewolucja* (A revolução sonhada). Para mim, é muito doloroso usar a palavra "prazer" porque sei que a Sofredora, no fundo, está sofrendo. E também sei que, assim como todo mundo, ela gostaria de ser feliz e de receber amor de graça, sem todo esse teatro. Porém, para uma mulher que mergulhou nesse papel será simples encontrar a felicidade.

O paradoxo cruel da personagem em questão consiste em que a Sofredora, apesar do seu nome, coloca a si mesma no centro de tudo. Ela não enxerga você, não enxerga a mim. Enxerga apenas a própria desgraça, de hoje, de ontem e da sua vida inteira, e continuará assim. Para uma mulher que permitiu que a Sofredora assumisse o comando, nunca existirá um final feliz.

Uma dança problemática

As três personagens: a Submissa, a Rainha da Neve e a Sofredora, são interdependentes e participam de uma dança problemática. Algumas mulheres – não sei quantas, mas acho que, se fizessem um estudo, os resultados não me agradariam nem um pouco – nunca deixam essa dança. Elas nascem e morrem interpretando esses papéis. Essa é uma ideia que me enche de uma dor que consigo sentir no corpo inteiro.

Vista de fora, a vida delas parece feliz e satisfatória, apenas com a ressalva de que não é realmente delas. Eu imagino assim: você acorda de manhã sem alegria, salta da cama ao primeiro toque do despertador, sem se dizer nem "bom dia", e começa o dia com toda a pressa, como se tivesse acordado atrás do volante e não pudesse se permitir nem um momento de paz. Como um soldado em um quartel, você faz movimentos mecânicos: escova os dentes, passa creme, acorda as crianças que não querem acordar... Ainda são sete da manhã e você já está cansada. Você prepara o café da manhã para todo mundo e, com pressa, pega um sanduíche para comer depois no carro. Tudo acontece de maneira automática, como se você estivesse correndo de olhos fechados: você não saberia dizer como está o céu nem se a árvore atrás da janela já deu frutos. "Anda,

anda, vamos nos atrasar", diz a Rainha, gritando e apressando as crianças; a Submissa cumpre seus deveres sem reclamar; enquanto a Sofredora faz beicinho ao ver os cereais deixados na tigela: "Não gostou do que a mamãe preparou para você?" Quando consegue deixar as crianças na escola, sobram vinte minutos ao volante. "Vai desperdiçar esse tempo?" é a pergunta retórica da Rainha, cujo olhar está cravado em você. A Submissa corre para colocar um audiolivro em inglês. "*Good girl*", ela repete. "*I am a good girl.*" Você desce do carro. "O carro está um lixo", diz a Rainha com nojo. "Onde já se viu?", diz a Sofredora. E chega a hora do trabalho: os objetivos, as reuniões, as ligações... Você se envolve em uma linguagem que não é a sua, mas, como vestiu a roupa e subiu no palco, vai interpretar o papel que lhe cabe. "As prestações da casa não vão se pagar sozinhas!", grita a Rainha sempre que, no meio de uma reunião inútil e desnecessária, seus olhos começam a fechar de cansaço. Você, porém, luta pela otimização dos processos, pelo aumento dos lucros. "Não entendo como ainda não está pronto", a Rainha diz a uma novata da sua equipe, mas não porque queira entender o que aconteceu. E sua chefe lhe diz a mesma coisa logo depois, ao que sua Submissa começa a pedir desculpas e garantir que vai terminar o trabalho. "Você sabe que, se não fizer...", nem precisa que a Rainha termine essa frase. A Submissa fará isso por ela. Você bebe o quarto café, esquenta a comida no micro-ondas e, se sente uma dor, toma uma dose dupla de analgésico porque não tem tempo para sentir dor nem pensa em lhe dar muita atenção. Você volta para casa, seu marido já colocou as crianças para dormir e a Rainha obriga a Submissa a checar a caixa de e-mails do celular, porque nunca se sabe: é impossível saber quando sua chefe vai precisar de uma resposta imediatamente. A Sofredora começa a preparar muffins para a feira do colégio da filha e você recebe uma notificação com o boletim dela, que tirou uma nota mediana em matemática. E você entra no quarto dela sem bater: "Você não entende que, com essas notas, não vai conseguir vaga em nenhuma escola boa? E, sem uma boa escola, não vai conseguir entrar em uma boa universidade – e vai acabar trabalhando como caixa de supermercado. É isso que você quer? Ser caixa? Olha como a nossa casa é bonita, olha os empregos bons que eu e seu pai temos. Você não quer ser igual a mim?" E tira os muffins do forno. "Você colocou muito pouco chocolate", diz a Rainha, erguendo uma sobrancelha, e a Submissa, sedenta de reconhecimento, tira uma foto dos muffins, com uma tigela de frutas atrás, e posta na rede social: #cansadamasfeliz. Você começa a olhar fotos de vestidos na internet; são quase onze da noite. Você tira a maquiagem meticulosamente. "Não vai querer parecer mais velha do que as suas amigas", diz a Rainha, e a Sofredora acrescenta: "Você vai ficar com olheiras, mas já sabe: quando temos filhos e tantas coisas no que pensar, ficamos exaustas..." Um remédio para dormir e... Sono! Mais um dia produtivo sem você e sem que você tenha vivido. Você não passa de um checklist ambulante. E amanhã vai acontecer a mesma coisa.

Quando a Submissa, a Rainha da Neve e a Sofredora entram em sintonia e dominam nosso panorama interior, nos transformamos em uma esposa de Stepford. O nome vem do livro escrito em 1972 por Ira Levin que serviu de base para pelo menos dois filmes. Eu vi *Mulheres perfeitas* na versão de 2004. O conceito era interessante; o filme em si, nem tanto, mas acho que, com a maior tranquilidade do mundo, posso dar um spoiler: após um ataque de nervos, uma estrela da televisão (interpretada por Nicole Kidman) se muda, com o marido e os filhos, para a pequena cidade de Stepford. Trata-se de um local com grandes mansões e cercas brancas, gramados perfeitos e céu azul. E está repleto de mulheres perfeitas que são versões quase indistinguíveis da Barbie. Elas usam salto alto até na academia, vestem roupas dos anos 1960, mantêm um sorriso nos lábios até quando dormem e têm um tom de voz sempre doce. Acontece que todas foram submetidas pelos maridos a um processo de transformação – não me peça mais detalhes – e otimizadas, ou seja, transformadas em sua versão "ideal" (do ponto de vista dos maridos, é claro). Uma delas continua vestindo uma camiseta velha e, ao ouvir o marido lhe perguntar se colocou a roupa para lavar, responde que acabou de escrever um capítulo do livro. Finalmente, seu marido cede à pressão social e, com a ajuda da Associação dos Homens de Stepford (ou algo assim), submete a mulher ao mesmo procedimento de "transformação". Quando Nicole Kidman resolve visitá-la, encontra a amiga com um sorriso tão aberto que dá medo. Sua casa, que antes vivia cheia de livros e roupas jogadas pelo chão, está limpa e impecável. No centro da cozinha vemos um buquê de rosas frescas, em uma bandeja brilhante há muffins recém-preparados, as tigelas estão repletas de laranjas e maçãs, e do teto pendem frigideiras de cobre polido. "Joanna, bem-vinda!", diz a amiga com voz de menina exaltada. "Que linda manhã, não acha?" Kidman olha horrorizada para a amiga, que não usa mais uma camiseta, e sim um vestido azul bem passado e um avental branco. "O que fizeram com você?", pergunta, espantada. "Eles te deram algum remédio? Fizeram lavagem cerebral em você? Diga alguma coisa!", implora. "Claro, querida. Mas me dê um segundo, primeiro eu tenho que arrumar a casa."

Eu assisti ao filme até o fim por um motivo bem simples: queria observar meu próprio espanto, minha repulsa e tristeza ao ver essas donas de casa exageradamente "perfeitas". Queria experimentar para ver até que ponto nossas aspirações são terríveis. Com toda a razão, esse filme foi incluído no gênero suspense. Uma típica esposa de Stepford é a mistura perfeita da Submissa, da Sofredora e da Rainha da Neve – um robô. A Rainha, cujos padrões inalcançáveis fazem com que enxergue sua cozinha impecável como uma pocilga, não tem muito que fazer; está sentada na grama bocejando, pois a Submissa e a Sofredora adoram cumprir suas obrigações. A Sofredora não sente raiva, pois o fato de sua existência servir para proporcionar prazer ao marido é uma obviedade para ela. A Submissa se deixa submeter com alegria.

Certa vez, em uma sessão de coaching, uma cliente me contou que sofria demais com a pressão das exigências sociais – da mãe, das amigas do trabalho e de outras pessoas não identificadas – e com a voz estridente e desagradável dentro dela, que incansavelmente repetia este mantra, seu velho conhecido, mas não por isso menos doloroso: "Onde já se viu? Assim não pode ser. O que vão dizer?"

Montanhas de pressões, mares de exigências. Existe uma voz na nossa cabeça, seja ela feminina, masculina ou neutra, que constantemente nos repreende e nos mantém na linha. "Por que essa saia tão curta? Precisa mesmo ser tão comprida? Por que você chegou tão tarde? E essa franjinha? Por que não deixa crescer a franja? Se continuar fazendo essa cara, ninguém vai querer falar com você. Salmão na ceia de Natal? Por que não camarões? As pessoas normais já estão dormindo a esta hora. Que bela profissão você escolheu! Vai viajar sozinha nas férias? Vai deixar seu marido em casa?" As mensagens e o cenário vão mudando, mas em um ponto todas essas vozes coincidem: "Você não é suficiente. Não se encaixa no modelo, na norma. Está tudo errado."

"E se você conseguisse?", perguntei à minha cliente. "E se

um dia você conseguisse atender todas as expectativas, ser absolutamente correta, seguir as normas, como você se sentiria?" Ela, que normalmente pensava bem antes de responder, falou na mesma hora, sem titubear: "Eu teria vontade de me matar."

Faça uma experiência. Abra o maior sorriso que puder. Segure o sorriso. Continue sorrindo. Eu estou fazendo isso junto com você. Em um primeiro momento, não parece difícil: seu corpo entende que você está se sentindo bem (algumas experiências demonstram que segurar um lápis entre os dentes, com uma careta parecida com um sorriso, pode melhorar seu estado de espírito). Após alguns segundos, no entanto, os músculos querem voltar ao seu estado normal, relaxados. Mas você continua sorrindo. E depois de mais um minuto eu começo a sentir um mal-estar cada vez maior, sinto que estou me submetendo a uma intervenção opressiva que está começando a ser incômoda, percebo que meu rosto me diz "pare", que está difícil engolir a saliva e respirar, mas continuo aguentando, até que começam a brotar lágrimas nos meus olhos. E continuo aguentando. "Sorria, não fique triste." Quando finalmente desisto, noto um grande alívio, respiro fundo, como se meu corpo precisasse se regenerar depois de tudo o que aguentou.

O que aconteceria conosco se continuássemos mantendo esse sorriso dia após dia, ao longo de semanas e anos?

Estou escrevendo essas palavras em plena pandemia, mas quando abro as redes sociais não vejo ninguém se queixando. Nos perfis dos meus amigos, as magnólias e os lírios estão florescendo, minhas amigas mostram posturas de yoga impossíveis de fazer, nossos filhos dizem coisas engraçadas e inteligentes, mas muito sérias para a idade deles, e em todas as fotos de perfil estampamos um sorriso que não deve nada aos das esposas de Stepford. Por que fazemos isso?

A experiência com o sorriso que acabei de realizar e que convidei você a experimentar é inspirada no curta-metragem *Não se preocupe, tudo voltará a ser como antes*, dirigido pela coreógrafa Ramona Nagabczyńska por encomenda do Teatro Studio de Varsóvia, no âmbito do Projeto Quarentena. No filme vemos, de perto, o rosto de Ramona com um amplo sorriso. No fundo, escutamos sons cotidianos. Após dois segundos, começam a aparecer legendas na tela. O rosto de Ramona continua igualmente sorridente enquanto vamos lendo: "Me arrependo de ter medo de não curtir a vida depois de dar à luz. Me arrependo de me sentir velha aos 32 anos. Me arrependo de ter pensado, aos 32 anos, que estou tão velha que ninguém vai me querer." Seu sorriso continua impassível, mas agora dói, e dói em mim quando olho para ela, e também deve doer nela. "Me arrependo de fazer comentários sobre o corpo de outras mulheres." O sorriso dela continua radiante como os das mulheres de Stepford, mas seus olhos estão cheios de lágrimas, ela engole a saliva, as comissuras dos lábios tremem. O sorriso parece perder força algumas vezes, mas Ramona a recupera em questão de milissegundos, como se estivesse dizendo, embora continue em silêncio: "Vamos, sorria!" E seus lábios voltam a se curvar para cima. "Me arrependo de não ter passado mais tempo com a minha irmã postiça. Me arrependo de ter me preocupado com o mundo quando as pessoas que tinham o poder de mudar as coisas não ligavam para nada." A lista é longa. "Me arrependo de não termos devolvido o que pegamos. Me arrependo de ter chorado em vez de ficar furiosa. Me arrependo de não ter feito as unhas de gel com penduricalhos." Após cerca de seis minutos, escutamos um som que indica o fim e Ramona se livra do sorriso como se estivesse tirando um casaco pesado. Ela demonstra uma expressão normal e séria. O contraste é esmagador.

Eu vi esse curta-metragem umas sete vezes e todas as vezes acabei chorando, como se estivesse chorando por todas essas ocasiões em que eu mesma sorri em vez de chorar ou gritar. Sei que não sou a única, porque, nos comentários, era possível ler:

"É de enlouquecer."

"Eu me emocionei. Gostaria que todas as minhas amigas vissem."

"Não consegui terminar de ver porque fiquei com pena de mim mesma."

"Comecei a ficar sem ar, não conseguia engolir a saliva, sentia um nó muito vivo na garganta."

O que acontece com a nossa tristeza? Que mensagens transmitimos a ela ao afastá-la de nós mesmas e manter o sorriso? O que acontece com nossa raiva reprimida? O que não é expressado, o que permanece oculto, excluído do quadro, não desaparece; na verdade se esconde em túneis subterrâneos, sótãos e porões, mas nunca abandona o nosso corpo.

As três irmãs

Que outras coisas têm em comum a Submissa, a Rainha da Neve e a Sofredora? Eu encontrei essa resposta no magnífico livro de Brené Brown *A arte da imperfeição*. "Quando passamos a vida tentando nos desconectar dessas partes de nós mesmas que não se encaixam na imagem que criamos sobre quem deveríamos ser, nos colocamos fora da nossa própria vida e começamos uma corrida desesperada para reparar nossa autoestima. Nós a buscamos incansavelmente, cumprindo tarefas, satisfazendo necessidades alheias e nos aperfeiçoando." As três personagens que descrevi acreditam que, se pararem, se detiverem seus esforços, perderão. Não serão capazes de sobreviver. Morrerão. O paradoxo é que, ao contrário do que pretendem, acabam matando o que nos permite ser pessoas de carne e osso, eliminando tudo que faz de nós mulheres capazes de viver uma vida própria e única, impossível de ser reduzida a uma simples fórmula, e cuja forma só nós (e ninguém mais) podemos lhe dar.

Se perguntássemos à Rainha, à Submissa e à Sofredora se podemos nos dedicar simplesmente a viver – sem alcançar objetivos, sem fazer muffins que, como você pode ver, são minha obsessão, vestindo a roupa que quisermos, fazendo o que quisermos, usando uma meia de cada cor, com uma geladeira vazia ou cheia de sorvete de chocolate, com os filhos vestindo roupas amarrotadas –, com certeza as três dirão "não". Dirão que isso não é possível. Que assim não se sobrevive. Que, quando para de se esforçar ao máximo, a mulher acaba desaparecendo.

É profundamente triste condenar uma pessoa a um eterno vagar, à constante sensação de que existe algo de errado com ela, 24 horas por dia.

Às vezes penso que todas as desgraças do mundo começam com a dúvida – "Será possível que alguém me ame?"; com a sensação de que o amor (se é que ele é possível) só chegará se forem cumpridas certas condições e que o suprimento de amor pode ser interrompido a qualquer momento. Que o fornecedor pode simplesmente tirar o fio da tomada e "Adeus, amor!". Que o amor tem seus agentes, espalhados por todos os âmbitos da nossa vida cotidiana, e isso faz com que não paremos de perguntar se eles gostam da gente, como se todas essas pessoas (nossos vizinhos, nossa mãe, nossos colegas de trabalho, motoristas e mecânicos, os primos e primas que vemos nos casamentos familiares) realmente não tivessem mais o que fazer além de pensar em nós e nos julgar. Imaginamos que todas essas pessoas nunca param de conferir se alcançamos os objetivos, que vão somando e tirando pontos da gente, que existe um placar em constante atualização. Que o juiz, seja lá quem for, vai impondo as condições do nosso contrato ao seu bel-prazer, que ele tem todo o poder do mundo e nós nenhum, e que o contrato (um contrato que, para começo de conversa, nunca assinamos, mas ao qual, mesmo assim, estamos sujeitas) é indefinido. De acordo com essa maneira de pensar, o amor e o senso de pertencimento – que são alimentos básicos da alma e sem os quais nossa vida não tem sentido – estão sujeitos a regras, e se pararmos de saltar e correr, se simplesmente pararmos e ficarmos sentadas, não conseguiremos nem um nem outro.

Aos meus 20 e poucos anos, escutei pela primeira vez esta música da Alanis Morissette:

That I would be good even if I did nothing
That I would be good even if I got the thumbs down
That I would be good if I got and stayed sick
That I would be good even if I gained ten pounds.*

Naquela época eu não sabia explicar, como estou fazendo agora, passadas mais de duas décadas, mas algo mudou dentro de mim quando escutei essa letra: "Jura?", eu me perguntava. Jura que eu seria suficiente? Eu seria boa o bastante mesmo que não fizesse nada, mesmo que adoecesse ou ganhasse peso?

Eu aposto que você é capaz de encontrar dentro de si essas três personagens que descrevi. Mas também tenho certeza de que não são elas que comandam a sua vida, mesmo que você às vezes permita que elas assumam o controle. Senão, você não estaria lendo este livro, não estaria buscando em si mesma um caminho em direção a esse algo menos mecânico, menos exterior, menos alheio e morto que a Submissa, a Rainha da Neve e a Sofredora lhe oferecem. Porém aqui estamos nós, juntas, eu e você, em busca de nós mesmas, em um caminho que deveria nos nutrir e transformar.

---

* Que eu seria suficiente mesmo que não fizesse nada / Que eu seria suficiente mesmo que me desaprovassem / Que eu seria suficiente mesmo que ficasse doente / Que eu seria suficiente mesmo que engordasse cinco quilos.

Certa noite, eu tive um sonho: estava sentada à mesa, em uma casa grande e espaçosa. Tinha gente conversando, uma quantidade exagerada de comida se amontoava em cima das mesas, muito mais do que seria necessário, sobretudo porque só dois homens e duas mulheres elegantemente vestidos comiam. "Vai chegar mais alguém?", eu perguntava. "Claro. Claro. Claro que não", escutei, e eu não entendia se a resposta era uma confirmação ou uma negação. Eu me levantava da mesa, mesmo sob protestos de uma daquelas pessoas. Subia uma ampla escadaria que estava coberta por um tapete velho e desgastado, como se aquilo fosse um teatro que já não estivesse mais em seus tempos áureos. Chegava ao segundo andar. As portas dos quartos estavam abertas e eu olhava para dentro: via camas impecavelmente arrumadas, tigelas com frutas e grandes jarras com flores recém-colhidas. Via que a escada continuava subindo, agora sem tapete. A madeira rangia como no antigo edifício onde minha avó Bajaszka morava (que ela descanse em paz). E eu subia ao andar seguinte com a sensação de estar fazendo algo que não devia. Eu parava, mas a cada novo degrau era mais forte a determinação de me aproximar dessa coisa que me atraía e que, ao mesmo tempo, me causava medo. Acabava chegando a um corredor meio em ruínas, no terceiro andar, onde a temperatura era fresca, e escutava algo parecido com a voz humana. Alguém estava gemendo, gritando, mas com uma voz abafada, como se usasse uma mordaça ou tivesse saído de um filme de terror: uma voz tão abafada que eu não saberia dizer se era de homem, de mulher ou de criança. O corredor era comprido, os sons vinham do outro extremo. Nesse momento, eu acordei.

Quem vivia naquele terceiro andar? Quem era a pessoa que estava sonhando? E quem era a que pedia que eu encontrasse sua companheira amordaçada?

PARTE II

Uma mulher embalada a vácuo

Folheando revistas femininas para fazer minha colagem, vi uma foto e virei a página bem rápido, com certo nervosismo. Depois me lembrei do que eu mesma dizia às mulheres nos meus workshops, quando lhes pedia que fizessem um autorretrato de sua alma: "Se algo lhe gera repulsa, se você sente uma emoção forte, não deixe passar. Vamos, recorte a foto e cole. Não finja que não viu." E voltei àquela página. Sem vontade, recortei a imagem: o corpo nu de uma mulher em posição fetal dentro de uma sacola plástica. Na boca, ela tem algo que parece uma máscara de oxigênio, com fios compridos saindo da sacola. A mulher está dormindo, ou pelo menos com os olhos fechados. Sei que a imagem vem de uma série *cyberpunk* da Netflix chamada *Altered Carbon*, que nunca verei porque depois não vou conseguir dormir. Na minha colagem, próximo aos joelhos dobrados da mulher, colei o slogan "*Where are you?*", que tirei de outra revista, e ainda me lembro das lágrimas que brotaram nos meus olhos ao ler essa pergunta. À direita da sacola embalada a vácuo se aproxima um pássaro, como se quisesse conferir se, com o seu bico, será capaz de furar o que parece tão hermeticamente fechado.

Cadê você, mulher embalada a vácuo? E quem é você? Quem? Você que não interpreta papel nenhum, que não é uma diretora de empresa, que não é uma mãe nem uma esposa mais ou menos exemplar, quem é você?

A busca da resposta parece um jogo de pistas no bosque. Eu observo o caminho, a configuração dos gravetos e frutos, observo a casca das árvores, tentando encontrar pistas. De vez em quando, consigo encontrar algo que sei, com certeza, que é uma pista; noto que Alguém me deixou uma mensagem no exato lugar onde o pássaro furou o plástico e que estou mais perto do meu objetivo.

Quando eu tinha 20 anos, comprei dois caderninhos. Um deles eu usei como diário; no outro eu anotava citações de livros e filmes que me chamavam atenção. Parei de escrever no diário após uns dois anos; o caderninho parece novo, só voltei a folheá-lo uma ou duas vezes. Mas o outro caderninho! Colado com durex, com as bordas desgastadas, as páginas dobradas e manchadas, quase cai aos pedaços. Voltei a folheá-lo mil vezes, como estou fazendo agora, pois procuro uma frase do filme *A dupla vida de Véronique*. Não consigo encontrar, mas lembro que Véronique disse algo como: "Tudo se abre e fecha ao mesmo tempo, em todos os momentos."

Durante toda a minha vida, acho que sempre procurei significados. Meus pais são pessoas com inquietações espirituais e uma visão perspicaz do mundo: o olhar deles atravessa a superfície, não se detém nas aparências. Esse era o ambiente que eu respirava desde pequena. Eu lembro que, quando estava terminando o ensino fundamental, um professor da minha classe achou por bem nos dar um conselho personalizado para o resto da nossa vida. Para mim, ele disse: "Desejo que você não continue filosofando tanto sobre tudo." Não foi um conselho muito bom. Porém, por mais paradoxal que pareça, ele me trouxe muitas coisas boas. Me fez descobrir o que até hoje continua sendo uma

Where are you?

O AMOR É UM TRABALHO SUJO

fonte de alegria para mim e minha principal atividade profissional: procurar pistas e sinais. Como você pode imaginar, não dei muita bola para o que disse aquele professor.

"Tudo se abre e fecha ao mesmo tempo." Se é assim, se o mundo pulsa, revelando e ocultando seus significados, o que podemos fazer para entender o sentido e nos aproximar da Essência das Coisas? Acredito em fazer um esforço consciente para procurar significados. Quero estar com olhos e ouvidos bem abertos, praticar a perspicácia do olhar, observar o que acontece e manter uma vigilância humilde diante do que nos é comunicado.

Acredito, portanto, no Sentido e na existência de Alguém ou Algo que está a nosso favor. E que está disposto, sob certas circunstâncias, a se abrir à nossa frente. E depois a se fechar.

Costumo me fazer perguntas. Nesse caso (em plena pandemia, na minha casa, em um povoado perto de Cracóvia, observando a enorme cerejeira que floresce do outro lado da janela) a pergunta é: "O que eu encontrei?" Depois de todas essas reflexões, todas essas turbulências intercaladas com momentos de tranquilidade, depois de todos esses dias, meses e anos, enquanto tudo ao meu redor "se abria e se fechava", após meus 50 anos de vida, o que eu sei? Ou melhor, o que sinto ser a minha Verdade? O que posso colocar na minha mochila ao empreender o trajeto na direção contrária à indicada pelo medo e pela sensação de inadequação sentidos pela Submissa, pela Rainha da Neve e pela Sofredora? Quando começo a refletir sobre isso, fecho os olhos e aparecem várias imagens, como se Alguém-Que-Sabe quisesse que eu encontrasse a resposta. Eu sou toda ouvidos para não perder nada do que me diz.

"Tudo é como deveria ser"

Há alguns anos, vi o filme *Hilary e Jackie*, baseado na história real de duas irmãs. Uma delas é Jacqueline du Pré, violoncelista mundialmente reconhecida. A cena que me comoveu é um diálogo entre as duas personagens. Hilary leva Jackie em seus braços, pois Jackie está tetraplégica e está morrendo de esclerose múltipla. Hilary compartilha com ela as lembranças de um dia em que estavam brincando na praia, ainda pequenas. Na tela, aparecem imagens daquele dia: "Você se lembra do que me disse aquele dia na praia?", pergunta Hilary. "Disse que tudo daria certo. E deu." "Sim", responde Jackie. "*And in the end it was.*" (E, no final, deu.) E Jackie diz isso de uma vida nada fácil, ceifada por uma doença terrível que tirou tudo dela... Depois de ver essa cena, senti nas minhas bochechas o calor das lágrimas. E depois me esqueci dela.

Poucos anos mais tarde, eu e meu marido começamos a tentar ter um filho. Se você já viveu uma experiência similar, mesmo que por apenas alguns meses, sabe a que me refiro. Após anos tentando não engravidar, vem um despreocupado: "Por que não?" Depois veio um: "Bom, no fim das contas, talvez não seja tão fácil." Até que um dia você se vê na porta de um consultório médico e, pela primeira vez (de muitas), sente o frio do ultrassom na barriga; você escuta os médicos dizendo palavras como "teste biológico", "estimulação hormonal", "punção ovariana" e "beta-hCG". Eles devem estar se referindo ao amor, só pode ser isso.

Nesse meio-tempo, no seu corpo, no seu coração, na sua barriga e na sua cabeça acontece algo novo. Para mim, foi como atravessar uma estrada comprida e difícil, e sentir que, de repente, o chão começava a mudar embaixo dos meus pés. Primeiro ficou mais arenoso, depois apareceram alguns obstáculos e, se eu não andasse com cuidado, acabaria tropeçando. Então o caminho ficou meio pantanoso e eu não parava de cair. Eu acordava de manhã e não sabia em que chão pisaria. Será que vou ter onde me apoiar? O que virá agora, um buraco ou um lamaçal? Sempre que surgiam mais obstáculos, quanto mais eu me esforçasse para caminhar, pior me sentia.

Resultados negativos, o rosto frio do médico, esperas no consultório, esperança, outra decepção, terapias, feitiços. E uma sensação cada vez maior de que minha própria vida, que até então transcorrera de acordo com meus planos – eu concluí os estudos, me formei na universidade, conheci um companheiro, me casei, encontrei uma profissão de que gosto –, de repente se rebelava contra mim. Eu girava a maçaneta, mas ela nem se mexia. Batia na porta, mas ela não abria. "Nosso desejo desesperado de ser outra pessoa nos transforma em sem-teto", escreveu Jon Frederickson no livro *The Lies We Tell Ourselves* (As mentiras que contamos a nós mesmos). Eu queria ser uma mulher que engravidasse sem problema quando tomasse essa decisão. Mas nenhuma das tentativas, uma após a outra, dava certo. No meu caderninho preto com desenhos de flores, anotei o fragmento de um poema de Robert Stiller, poeta e tradutor já falecido:

Esperar é uma doença que vai se agravando
Primeiro se espera vivendo
caminhando acreditando
rindo trabalhando comendo
de repente paramos de rir
Um mês de incubação
um mês
qual mês?

Cada vez menos fome
depois é difícil levantar a mão
dormir é uma dificuldade
acordar é igualmente duro
nem caminhar, nem ficar parado
o campo de visão se estreita
faz calor
esperamos sentados esperamos deitados
esperamos com nossas últimas forças
depois
(...)

E então aconteceu uma coisa. Eu fui à clínica, tomei uma injeção e, quando estava saindo, a enfermeira parou, olhou para mim e disse, com uma voz cálida e séria: "Estou de dedos cruzados. Vai dar tudo certo." Saí da clínica, caminhei até o ponto de bonde mais próximo e me sentei em um banco alto. Eu já tinha escutado aquelas palavras muitas vezes da boca de outras pessoas, mas o fato de ter sido aquela enfermeira, justo naquele dia, fez com que ressoassem no meu corpo. Algo estava se transformando em mim, como se tivesse estado congelado e começasse a derreter ao sol. Eu estava sentada na rua e sentia que, na minha vida, tudo estava como deveria estar. Não era uma sensação como milhares de outras que temos durante o dia. Não era um pensamento. Nem uma convicção. Foi um acontecimento interior, uma transformação que, de alguma maneira, ficou comigo para sempre. E embora, desde então, eu tenha me aborrecido mil vezes porque as coisas não são como eu gostaria que fossem, embora eu tenha sentido tristeza, medo, vergonha, pena e todas as outras coisas que estão bem distantes da aceitação, aquele ato de aceitação profunda deixou um "selo sobre o meu coração", falando em linguagem bíblica. A enfermeira girou a maçaneta e me abriu – ou entreabriu – a porta de um mundo no qual as coisas são como deveriam ser, onde somos quem deveríamos ser. Na minha vida, assim como na de Jacqueline du Pré, tudo estava como devia ser. E, ao mesmo tempo, de uma forma bem diferente da que eu planejara. Se me perguntassem: "Escute, com licença, você gostaria de ser infértil?", eu nunca responderia que sim. Jackie não escolheu sua doença. E, no entanto, tudo era como devia ser.

A enfermeira se enganou e ao mesmo tempo tinha razão. Nunca engravidei. Meses mais tarde, eu e meu marido demos início a um processo de adoção. Após passar a etapa inicial (bastante indolor e suportável), nos disseram que poderíamos esperar uma ligação em março, ou seja, cerca de nove meses após termos respondido às últimas das centenas de perguntas que apareciam nos testes psicológicos ("Você às vezes acorda no meio da noite ensopada de suor sem nenhuma causa aparente?", "Você tem a sensação de que alguém é capaz de ler os seus pensamentos?").

No outono, fui a um povoado no centro da Polônia para ministrar uma oficina a uma equipe de professores de ensino fundamental. Dormi na casa da pedagoga da escola, mãe de cinco filhos. Ela foi tão amável que me cedeu seu quarto de casal. Acordei antes das seis: o sol estava saindo e eu escutava os sinos da igreja. Fechei os olhos e voltei a dormir.

Quando acordei novamente, muito perto do meu rosto, a uns 10 centímetros, vi o rosto de um menino. Ele devia ter uns 5 anos. E me observava em completo silêncio, com uma expressão séria e muito atento. Ele era lindo, parecia um anjinho, tinha os cabelos cacheados e uns olhos escuros e muito grandes. Foi o despertar mais extraordinário da minha vida. Eu queria dizer algo, mas ele pousou um dedo sobre os lábios, ficou me olhando durante alguns segundos e foi embora. Eu não entendi nada do que tinha acontecido, mas fiquei profundamente comovida. Quando me vesti e saí do quarto, disse à minha anfitriã:

– Ania, preciso te contar o que aconteceu comigo!

Mas ela não me deixou falar. Eu vi que também estava emocionada.

– Espere, primeiro vou te contar o que aconteceu comigo ontem à noite.

– Ontem à noite? – perguntei, surpresa.

– Sim – respondeu minha anfitriã. – No meio da noite, escutei um barulho, me levantei e vi que Tymon caminhava em direção ao nosso... quer dizer, ao seu quarto. Ele nunca fez isso. "O que você está fazendo, Tymon?", perguntei. "Mãe, vou ver minha mãe", ele respondeu.

No dia seguinte, voltando para casa, liguei pra minha mãe e disse: "Mãe, sei que ainda falta muito e que ficaram de ligar em março. Mas também sei que nosso filho está a caminho. E que vai ser um menino." Uma semana depois, meses antes da data combinada, recebemos a ligação. Duas semanas mais tarde, no dia 23 de dezembro, sob uma árvore de Natal torta e bem modesta, apareceu Szymon Adam.

O nascer do sol? As badaladas dos sinos da igreja? Que loucura! Se houvesse um centro de risada no meu hemisfério cerebral esquerdo, ele estaria morrendo de rir agora mesmo. Um menino com rosto de anjo? Jura? Tymon, depois Szymon? Em que filme B eu tinha visto isso? Em que dramalhão? Ainda assim, aconteceu algo na minha vida que considero uma "anunciação".

Hoje, Szymon tem 17 anos. Quando penso no mundo paralelo que eu tanto desejava para mim, enquanto "tentávamos engravidar", quando me lembro de tanta determinação e dor, não sei o que fazer com o fato de ter desejado, naquela época, um mundo onde Szymon não existia.

A sensação de que somos donas da nossa vida gera muita tensão. Naquele instante em que estive sentada na calçada, ao lado do ponto do bonde, após ter escutado as palavras da enfermeira, me foi concedido um momento totalmente livre dessa tensão. Você não é dona de nada. Você não decide. Tudo é como deveria ser.

"Estou enviando mensagens para você"

Aquele acontecimento me aproximou da minha segunda descoberta, que foi: "Alguém está me enviando mensagens." Quem será o remetente? Não sei. Durante os anos de minha busca espiritual (que espero que nunca termine com uma resposta definitiva), fui descobrindo diversos nomes para meu Remetente Desconhecido. Comecei da maneira mais tradicional, já que fui criada em um lar católico: a fé dos meus pais sempre me pareceu profunda e pouco convencional. Durante anos, meu confessor, como parte da minha penitência, me mandava ler autores como Bonhoeffer, um filósofo protestante, ou Weil, uma cristã não batizada. Depois comecei a olhar ao meu redor: fui para o yoga, frequentava círculos femininos e assisti a um culto evangélico onde vi um homem e uma mulher atrás do altar. Ao mesmo tempo, lia livros sobre espiritualidade, assistia a palestras em diversos congressos e – o que acho mais importante – vivia tentando não fechar os olhos.

Hoje, aos 50 anos, enxergo a espiritualidade como uma das coisas mais importantes da minha vida. Porém perdi o interesse de tentar encaixá-la em uma categoria fechada, pois sei que não me sentirei confortável, que não será algo real nem meu. Sou adepta do poliamor espiritual. Certo dia, meu marido me disse: "Vamos ver, segundo sua agenda de hoje, de manhã você vai ao yoga, depois vai se reunir com um pastor evangélico e, à tarde, vai participar de um círculo de mulheres, certo?"

Quando estou em uma igreja evangélica, sentada em uma almofada em um círculo de mulheres ou em um tapetinho de yoga, mas também quando observo um pássaro ou escuto um ser humano, presto atenção na minha respiração e vivo tentando captar os sentidos e decifrar as pistas. Quando estou de bom humor, acho que o mundo fala conosco e está a nosso favor. Não sou dessas mulheres que acreditam que tudo tem um sentido oculto. Eu tenho minhas dúvidas. Será que sou tão relevante a ponto de Alguém estar me enviando mensagens? Certo dia, uma mulher me disse sem rodeios: "Não leve tudo tão a sério. O universo não está falando com você porque ele a tenha escolhido. O universo simplesmente fala, pulsa enviando sinais. E você pode lê-los ou não."

"Encontre a menina que mora dentro de você"

"Sabe de uma coisa?", me disse uma amiga enquanto tomávamos café. "Dentro de você mora uma garotinha. Quando ela está tranquila, tudo vai bem." E minha amiga disse isso como se não fosse nada, como se estivesse ditando uma lista de compras. No entanto, ela resumiu nessa frase uma das descobertas mais importantes da minha vida: eu tenho alguém de quem devo cuidar. Dentro de mim, mora um pequeno ser que espera que eu lhe dê atenção. Se eu não conseguir ver e amar essa garotinha, nunca encontrarei a tranquilidade. É uma espécie de vingança, embora eu não acredite que esse seja o objetivo inicial da Menina. Mas é como se ela me dissesse: "Se você não me enxergar, nenhum dos seus estudos universitários, nenhuma das suas viagens, nenhum vestido, nenhum prêmio e nenhuma vitória no mundo poderá lhe oferecer o que você realmente procura." E tenho a sensação de que essa mensagem há muito tempo vinha tentando abrir caminho na minha direção.

Durante muitos anos – acho que desde que me entendo por gente –, algo acontecia dentro de mim quando eu estava na companhia de crianças pequenas. Não era uma loucura do tipo "que menino lindo, que menina doce". Eu não me derramava em elogios na frente de carrinhos em parques infantis. Porém, sempre tentava estabelecer contato: fazia caretas idiotas, fingia ser vesga, inflava as bochechas, piscava o olho, tudo para que o menino ou a menina sorrisse para mim ou também começasse a fazer caretas. Tudo isso, claro, pelas costas dos pais e também do meu filho, que começou a suplicar insistentemente para que eu parasse de fazer palhaçada depois de notar esse meu pequeno vício.

O que eu queria com isso? Aliás, o que eu quero com isso? Afinal, não abandonei esse costume. O Remetente Desconhecido me ofereceu a resposta na forma de um sonho.

É inverno. Estou equipada com roupa de esqui, em uma pista, parada em uma pequena ponte em cima de um riacho. Estou conversando com um monitor quando vejo meu filho descendo pela pista (no meu sonho, ele tem uns 10 anos). Ao passar ao lado da ponte, ele acaba se desequilibrando e cai no riacho. Nesse ponto, a roupa e a idade dele mudam: na água, ele está menor e enrolado numa manta de bebê, a mesma que usava quando uma vez escapou das minhas mãos e rolou dois degraus na escada de nosso sítio. Naquele dia não aconteceu nada com ele, mas, no meu sonho, usando a mesma manta vermelha, ele acabou submergindo nas águas geladas do riacho. Por um segundo, ponderei se deveria pular, mas logo depois morri de vergonha por ter hesitado. E perdi mais um segundo pensando se deveria tirar os esquis ou mergulhar com eles. Acabei escolhendo a segunda opção. Mergulhei em um redemoinho de água gelada. Não sentia apenas o frio na pele, mas também a força da correnteza. Eu não enxergava quase nada e, a poucos metros de mim, vi uma forma que sabia ser o meu filho querido, que, arrastado pelas águas turbulentas, parecia se afastar. "Não vou conseguir", eu pensava, desesperada. "Ele está longe demais." E aconteceu algo extraordinário: em meio às águas furiosas e geladas que me inundavam os olhos, vi que o Menino me estendia a mão. Não sei se por causa da correnteza ou de um movimento intencional, de repente a mãozinha dele apareceu bem perto da minha, tão perto que eu poderia alcançá-la. Eu a segurei, puxei meu filho para perto de mim e o abracei.

Esse sonho, ao contrário de muitos outros, sempre meio entrecortados, tem um final muito claro. Como em um filme, tirei meu filho das águas, arranquei a roupa molhada do corpo dele (ainda que eu, sem saber por quê, estivesse seca), depois o abracei e o esquentei entre os meus braços. No final, para terminar, nos encaramos, muito de perto. A câmera começou a se distanciar e não restava dúvida de que tudo terminaria bem.

Eu contei esse sonho em um círculo de mulheres: um evento extraordinário que consiste no encontro de várias mulheres, que em geral nunca se viram antes, e que se sentam em círculo para compartilhar os sonhos que tiveram, tentando decifrá-los. Não são interpretações frias, pseudoanalíticas. Trata-se, na verdade, de um espaço aberto para associações livres – um trabalho imbuído de energia feminina (a energia yin), um grande alívio após termos passado tanto tempo em um mundo de respostas unívocas, decisões arbitrárias, interpretações únicas e conselhos não solicitados.

Graças a esse círculo, entendi que o Menino ou a Menina (que mora dentro de mim) também é capaz de me estender a mão. Não se trata de um ser passivo, privado de vontade, apenas à espera do que eu possa lhe oferecer. É uma instância interior que tem seu próprio poder, sua sabedoria e seu empoderamento. Que pode não apenas esperar a salvação, mas também salvar. E dessa forma percebi que, por meio de todas as crianças com as quais eu brincava em shoppings, farmácias, parques e elevadores, a minha Criança Interior estava me dizendo: "Olhe para mim, sorria para mim, faça caretas engraçadas para mim." E, sobretudo: "Espere que eu lhe responda."

"Escute os mestres silenciosos. Crie um espaço onde possam se comunicar com você"

Há muitos anos, dei aulas no Departamento de Psicologia da Universidade Jaguelônica, em Cracóvia, na Polônia. Uma das minhas alunas era uma menina linda e delicada, com olhos grandes e ternos. Durante todo o semestre, ela praticamente não disse uma palavra. No entanto, na metade do ano acadêmico, eu me sentei para ler seu trabalho final e não consegui parar: ela tinha escrito o ensaio mais brilhante e criativo de todo o grupo.

– Ágata – eu lhe chamei, devolvendo o trabalho com uma grande nota dez na primeira página –, por que você não abriu a boca durante todo o semestre?

– Porque eu não gosto muito de falar – respondeu ela.

Por algum motivo meio inexplicável, costumamos confundir o tanto que a pessoa fala com o que ela tem a dizer. No entanto, são duas coisas muito diferentes. Se representássemos as pessoas levando em conta sua paixão por falar e o que elas realmente têm a dizer, obteríamos quatro categorias de pessoas: os CS, calados sábios (como a minha Ágata); os CPS, calados pouco sábios; os TS, tagarelas sábios; e os TPS, tagarelas pouco sábios. Esses últimos – para me vingar de todas as horas que eles passaram falando, e eu me mantive calada –, eu chamo de "linguarudos".

O mundo presta mais atenção nos linguarudos do que nos calados sábios, não porque as pessoas queiram ou saiam ganhando com isso, mas por uma razão bem simples: porque os linguarudos nunca param com seu blá-blá-blá. Infelizmente, esse costume ruim de tagarelar se estende além dos grupos de discussão e das reuniões de empresa, e preenchemos toda a nossa vida cotidiana com coisas que geram ruído, não com o que agrega valor. Não digo que todo mundo faça isso nem que sempre seja assim, mas se comparássemos o tempo que passamos lendo livros bons com o número de vezes que acessamos sites de fofoca, se analisássemos o tempo que passamos meditando ou dançando em comparação com as horas que passamos vendo programas idiotas na televisão, as estatísticas não revelariam resultados muito animadores. E não se trata de falta de força de vontade. A luta entre o ruidoso e o silencioso é, foi e sempre será desigual. Nosso mundo é dominado pelos linguarudos e pela energia baseada no falatório: somos assaltados por notificações no celular que nunca solicitamos; nas telas de televisão, barras de notícias ficam passando, incessantes; nas redes sociais, não param de aparecer mensagens, nossos amigos mostrando centenas de fotos do que comeram no café da manhã; no caminho para o trabalho, vemos outdoors ao mesmo tempo que ouvimos anúncios barulhentos no rádio e notificações de novas mensagens no celular. O mundo sofre de hiperextroversão e vive gritando no nosso ouvido, afetando sobretudo as pessoas que poderíamos considerar altamente sensíveis (entre as quais me incluo) e que, ao fim do dia, só querem um espaço vazio, silencioso e escuro.

Enquanto isso, cada dia que passa, enxergo com maior clareza que os mestres mais importantes da minha vida são introvertidos. Não falo apenas dos humanos, pois, no caso deles, aprendo tanto com os introvertidos quanto com os extrovertidos. Estou falando dos meus Mestres Interiores, meus Guias, e percebo claramente a natureza introvertida deles.

Trata-se, sobretudo, da Alma. Talvez você não sinta o mesmo, mas, pelas minhas observações, a Alma costuma ser introvertida. "Geralmente, não gosto de falar", assim como minha aluna Ágata. Ela precisa de um espaço muito específico. Ela não vai gritar mais alto do que um programa de notícias ou um anúncio de remédio para acidez estomacal; não vai tentar abrir caminho em meio a um site de venda de roupas ou um portal de fofoca. "Eu vou falar quando você quiser escutar", é o que parece dizer. Para isso, o silêncio é necessário – e o silêncio parece ser um artigo de luxo. Bom, pelo menos isso é o que gostamos de pensar, porque assim sempre temos a chance de dar a nós mesmas a desculpa de que não podemos nos permitir esse luxo. No entanto, ele está disponível para nós o tempo todo, em todos os momentos. Em seu podcast, o mestre espiritual Adyashanti afirma: "No fundo, existe mais silêncio do que ruído."

"Busque o silêncio e a calma que existem em você", é o que diz minha professora de yoga favorita ao fim de cada aula. "O silêncio e a calma", repete ela, porque são coisas que nem sempre conseguem suplantar nosso ruído interior. O silêncio espera que o busquemos, mas também é introvertido e não nos pressiona, e faz isso para que nós mesmas possamos decidir dar um passo na direção dele. Nesse silêncio, podemos sentir nosso corpo: o corpo que aguenta nossas travessuras, nossos excessos e a comida de péssima qualidade que comemos, e que, quando se rebela, tentamos ignorar. Até o ponto em que já não podemos mais fazer isso.

"Não haverá volta à normalidade porque a normalidade é o problema", dizia a pichação estampada em uma fotografia que meus amigos compartilharam nas redes sociais em plena pandemia. Eu gosto de pensar que o que começou em dezembro de 2019 também foi um recado destinado a nós, e que a remetente dessa mensagem foi a Terra e seu Corpo (antes silenciado pelo zumbido das máquinas de produção, pelas buzinas dos carros, pelo ruído dos aviões decolando e aterrissando, e finalmente pelo constante falatório dos nossos pensamentos). Até que fomos obrigados a parar. Até que a Terra nos deu um cartão amarelo.

Eu também já recebi algumas mensagens do meu corpo. E me lembro sobretudo de uma delas.

Comecei a praticar yoga há uns vinte anos, aconselhada por uma amiga muito sábia. Fui à primeira aula, adorei… e parei. Mas lembro que, quando entrei naquela sala caindo aos pedaços, me senti em casa. E essa sensação deixou uma marca profunda em mim.

Poucos anos mais tarde, em um momento complicado da minha vida, voltei às aulas. Comecei a frequentar com regularidade e a fazer supostos progressos, passando a posturas cada vez mais avançadas. Então apareceram as dores na lombar. A princípio leves, depois mais e mais fortes. Primeiro só na sala de aula, quando eu fazia flexões ou extensões do tronco, depois fora da aula também. "Sério?", eu pensava chateada, entregando o controle à Rainha da Neve. "Por que está doendo, sua maldita? O que está acontecendo com você?", eu perguntava à minha lombar – e não em um tom de quem esperasse alguma resposta. E tomava remédios. Fazia massagens. Nos trajetos que fazia de carro, colocava uma almofada especial atrás das costas. Quando dava meus cursos, me sentava na beirada da cadeira. Mas a dor persistia. Parecia uma coisa quase descarada: o que o idiota do meu corpo queria? Esse mesmo corpo que eu alimentava e hidratava, que eu levava às aulas e permitia dormir. O que mais ele poderia querer?

*Certo, tudo bem, que minha vida caiba
em um corpo, nesse cubo de lixo e morte.*

Quem escreveu isso foi Agnieszka Kuciak, em um dos poemas de seu livro *Retardacja* (Demoras). Parece ser a descrição de como eu tratava meu corpo, sempre furiosa por ele estar tentando me dizer algo e por não se dobrar à minha vontade. A dor não diminuía. Eu continuava treinando, praticando. A caminho de casa, após sair de um workshop, liguei para minha professora, chorando.

– Se você não consegue praticar de uma forma que não lhe cause dor, talvez devesse praticar menos. Ou caminhar em vez de praticar yoga – foi o que ela me disse.

– O quê?

Fiquei indignada até o fundo dos meus doloridos ossos. Eu, uma aluna tão aplicada, tão hábil na hora de aprender novos ássanas, tão determinada a levar minha parte do corpo preferida – a cabeça – até os joelhos. Eu deveria praticar menos? E justo minha professora predileta me dizia uma coisa dessas?

– Por quê? – perguntei.

– Porque o que você está fazendo é violência – respondeu ela, com toda a calma do mundo.

– O quê?

Uma nova onda de indignação inundou o meu cérebro.

– E como você chamaria isso? Você está infligindo dor ao seu próprio corpo. Se isso não é violência, o que é?

Depois conversamos um pouco sobre uma amiga que fazia acupuntura. Eu estava segurando as lágrimas. Terminamos nosso papo e eu parei no acostamento.

Nesse momento, com o rosto molhado pelo choro, exausta pela dor que se espalhava a partir da minha lombar, senti algo novo: entrega. "Está bem, eu desisto. Dor, pode doer. Eu me rendo. *Bring it on*, pode vir!", eu disse a mim mesma, em dois idiomas, pois a dor talvez não falasse a minha língua. Essa voz interior parecia chegar do mesmo lugar de onde chegara aquela outra, poucos anos antes, que me veio quando eu estava sentada no ponto de bonde e ouvi que tudo era como deveria ser. Não era uma mensagem que chegava do meu hemisfério esquerdo, não era algo que eu poderia ler em uma enciclopédia. "Eu me rendo. *Bring it on*" vinha de um lugar especial, era diferente de todos esses pensamentos que nascem na nossa mente. Vinha do meu corpo inteiro, tinha outro status.

Nesse momento, sentada no carro no acostamento, a dor desapareceu. Foi questão de um segundo, pareceu mágica. Eu não conseguia acreditar. Talvez você, que está me lendo, também considere essa história coisa de filme de Hollywood, mas pode acreditar, foi o que aconteceu. A dor desapareceu e nunca mais voltou. Eu estava sentada ao volante, no escuro, com medo de me mexer, com medo de ser apenas uma trégua, de a dor estar apenas reunindo forças para me atacar de novo, com ainda mais ímpeto. Mas não. "Admitimos que somos impotentes perante o álcool", dizem os Alcoólicos Anônimos no primeiro dos 12 passos. Qual era o meu vício? Qual era minha "normalidade que era o problema"?

Eu não parei de praticar yoga, não troquei minhas aulas por caminhadas. Hoje, quando penso naquele acontecimento, acho que, antes de a dor me fazer aquele favor e falar comigo, eu recorria à violência, a alguma forma de coação no meu trabalho corporal, como minha professora dissera. As ferramentas que eu utilizava para me motivar a aprender química no colégio ou para terminar um relatório do trabalho tarde da noite não me serviam no tapetinho de yoga. "Você nunca vai aprofundar seu trabalho corporal com vontade, determinação, competição e violência. Você não vai conseguir e ponto-final. Procure outro caminho", era o que meu corpo parecia dizer.

Eu poderia ter ignorado esse recado, seguir forçando a barra, trocar de atividade, substituí-la por uma modalidade que se dobrasse à minha vontade com mais facilidade, mas não fiz nada disso. Algo em mim intuía que valia a pena abrir espaço para outro tipo de energia. Hoje, penso que foi exatamente a energia yin, a energia do corpo, a mesma que os junguianos chamam de "feminina" – dessa energia passiva surgiu a ideia deste livro e eu não poderia tê-lo escrito se, lançando mão de uma metáfora de Marion Woodman, tivesse cortado meu corpo do pescoço para baixo, se tivesse considerado que meu ser se limitava à minha cabeça. "Nosso corpo nos torna humanos", ela disse em uma entrevista à revista *Common Boundary*. "Nós, que fomos criados no mundo patriarcal, costumamos ficar presos no nível intelectual. Queremos viver no mundo dos ideais. Nós nos negamos a conectar o espírito com o corpo. Queremos superar os limites dessa coisa pobre e estúpida que se estende abaixo do nosso pescoço e que não consegue ou não quer fazer o que ordenamos que faça. Empurramos para o corpo tudo que não aceitamos: ciúme, inveja, luxúria. Escondemos em nossos músculos, nossos ossos e nosso coração a escuridão que não queremos adentrar. Fingimos não ter sombra e nos refugiamos em nossa cabeça. Prendemos em nosso corpo energias potentes, e elas acabam se rebelando contra esse exílio, em geral se manifestando através de doenças."

Como viver o dia a dia sem condenar o meu corpo ao exílio, dando ouvidos ao que ele quer me dizer? Eu tento abrir espaço para essa pergunta, deixando-a respirar dentro de mim.

"Procure perguntas"

Como era estudante de psicologia e filha de um psiquiatra, tive muitas oportunidades de servir como guia turística de Cracóvia para terapeutas estrangeiros que vinham a conferências organizadas pelo Centro de Terapia Familiar. Um deles foi Salvador Minuchin, um psiquiatra argentino e um dos terapeutas de família mais renomados do mundo.

Depois das minhas aulas, eu passeava pela cidade e pelos arredores com ele e sua esposa, e repetia a única informação histórica que tinha à minha disposição, ou seja, que a igreja de Santo Adalberto, localizada na Cidade Velha de Cracóvia, era do século XI. Como Minuchin e a esposa eram idosos (ou pelo menos me pareciam ser naquela época), eu sempre perguntava se eles precisavam descansar, abria a porta das lojas de suvenires para eles, procurava uma mesa à sombra nos cafés e saía correndo para dizer aos garçons que não fizessem os dois esperarem muito tempo por café ou água.

Em certo momento, o famoso psiquiatra me cravou seu olhar perspicaz e perguntou: "Natalia, você quer ser uma santa?" Eu não me lembro do que respondi, mas sei que, em um primeiro momento, tomei como um elogio. Hoje, porém, algo me diz que, se essa tivesse sido a intenção de Minuchin, eu não estaria escrevendo sobre essa frase vinte anos depois. "Você quer ser uma santa?" É possível que, ao escutar essa pergunta, eu, uma católica praticante de 20 e poucos anos, que todos os domingos ficava observando quadros da Santíssima Virgem Maria em igrejas, que tantas vezes ouvira falar que estava "destinada à santidade", tenha pensado em uma resposta bem clara e afirmativa: "Sim, sem dúvida. Eu quero ser santa, é claro. Como o senhor é amável, professor, a ponto de perceber meus esforços fervorosos para tentar alcançar esse objetivo." Porém, eu não poderia dar uma resposta qualquer a uma pergunta dessas. E me lembrei dela centenas de vezes, em momentos diferentes da minha vida, uma pergunta que sempre parecia chegar do nada. Foi crescendo dentro de mim, como uma semente plantada na terra. "Você quer ser uma santa?" "Você quer ser uma santa?" "Você quer ser uma santa?" Nossa, é sério? Por que você não para de reaparecer, ô pergunta idiota? Para onde você vai? Por que se recusa a morrer? Por que não para de ressurgir, como uma erva daninha que cresce em meio ao concreto? De quem é essa voz? O que você quer de mim? Minuchin já tinha partido havia muito tempo, mas a pergunta não me deixava, como se fosse o estribilho de uma canção de que eu nem gostava. Por quê?

Hoje entendo essa pergunta sobre eu querer ser santa de outra maneira. Um Remetente Desconhecido amável mas extremamente sincero é quem me repete essa pergunta quando entrego o controle à Submissa. Quando, dentro de mim, começa a emergir essa parte minha que a qualquer custo quer ser educada, se encaixar, ser amigável, abrir espaço aos demais, diminuir o espaço que ocupo.

Muitos anos após meu encontro com o famoso psiquiatra argentino e sua esposa, frequentei as aulas de yoga de Małgorzata, uma professora rude e exigente. Começamos a fazer uma postura complicada, contorcendo o corpo: perna direita atrás da cabeça, uma das mãos debaixo do joelho, o dedão do pé esquerdo tocando a escápula direita (não leve ao pé da letra, só estou tentando dizer que era uma postura difícil, incômoda e muito diferente das que adotamos espontaneamente no dia a dia).

O pior era manter a postura, pois uma coisa é erguer uma das mãos e ficar cinco segundos assim, outra é aguentar cinco minutos. Já estávamos nessa havia alguns minutos quando Małgorzata se aproximou de mim e observou meu rosto tenso com um olhar questionador.

– Isso é horrível – falei, sem me dar conta.

– Isso é horrível? – ela devolveu o comentário em forma de pergunta.

Esse pequeno gesto foi suficiente para que eu enxergasse minha situação de um jeito completamente diferente. Quando ela devolveu meu comentário, notei até que ponto era absurdo: eu estava em uma aula de yoga que me faz bem. Estava praticando uma postura que era boa para mim, cujo único preço era um desconforto momentâneo, mas que me traria benefícios a longo prazo. Sobretudo, eu procurara aquela aula de yoga por conta própria, estava pagando para frequentá-la, tudo fora fruto de uma escolha minha. Ainda que minha Sofredora interior continuasse a dizer que eu deveria me sentir a vítima, a diretora dessa situação era eu. Assim como na maior parte das situações nas quais me encontrei antes e depois das aulas, eu era uma pessoa livre e tomava minhas próprias decisões. "Isso é horrível?", o eco da pergunta da professora ressoou em mim diversas vezes, assim como a pergunta de Minuchin. Se ela tivesse dito "que nada, não é tão ruim" ou "já estamos acabando", não teria produzido nenhuma transformação em mim.

Nossa intuição (que é mais uma mestra introvertida) é uma caixa de ressonância que repete perguntas importantes. Perguntas que algumas vezes são feitas por um especialista em uma sessão de coaching. Outras vezes, porém, sua natureza é distinta. São palavras pronunciadas como quem não dá muita importância ao que diz, frases de estribilhos, citações de filmes ruins ou uma propaganda chata. Por algum motivo inexplicável, essas coisas ficam gravadas na nossa memória e são mais eficazes do que frases feitas do tipo "hoje é o primeiro dia do resto da sua vida", impressas em almofadas decorativas produzidas em fábricas chinesas. São essas palavras que nossa intuição resolve processar, refletir e repetir.

"O que você tenta não saber?", pergunta Susan Scott em seu livro *Fierce Conversations* (Conversas ferozes), fazendo referência explícita à intuição e habilmente vencendo todas as barreiras defensivas. Quando você levantar os olhos deste livro, inspire tranquilamente umas duas vezes, repita em voz alta essa pergunta e espere que sua intuição introvertida responda: "O que você tenta não saber?"

As perguntas que permanecem incrustadas dentro de nós e se negam a cair no esquecimento são como setas em trilhas na floresta: nos levam em direção ao mistério que conhecemos, mesmo não o conhecendo. E elas têm uma grande vantagem sobre as respostas: são como janelas abertas. As respostas, por sua vez, são como paredes.

"Os outros também passam por dificuldades"

Uma das crenças que mais nos causam solidão, além de também ser fonte de sofrimento no dia a dia, é a convicção de que todos ao nosso redor já estão com a vida resolvida e conseguem dar conta de tudo tranquilamente.

Por exemplo: você acha que eu estou com a vida resolvida? Que cheguei a um final feliz, a uma linha de chegada na qual montei minha escrivaninha e estou escrevendo este livro para você, porque você ainda não está com a vida resolvida, mas eu sim? Caso pense isso, permita-me desiludir você: não, eu não estou com a vida resolvida. Melhor dizendo, comigo acontece a mesma coisa que acontece com você: às vezes estou, às vezes não.

Nossa sensação de solidão vem crescendo porque é regada com a água de muitas fontes diferentes. É alimentada por citações sábias compartilhadas por nossos amigos nas redes sociais e por selfies com filtros nas quais amigas da nossa idade parecem vinte anos mais novas. É potencializada pelas celebridades que dizem ter encontrado a paz de espírito e a tranquilidade da alma. Por baixo das camadas de maquiagem com cobertura total, nos sentimos cada vez mais sozinhas.

Em seu magnífico livro *Broken Open* (Aberta por inteiro), Elizabeth Lesser escreveu: "Você encontra uma amiga e ela pergunta: 'Como vai?' Você responde: 'Eu estou ótima!' 'E as crianças?', ela pergunta. 'Ótimas!', você responde. 'E no trabalho?' 'Tudo bem. Estou na mesma empresa há seis anos.' Depois você pergunta: 'E você, como vai?' Ela responde: 'Também estou ótima.' 'E a casa nova?' 'Eu adoro!' (...) Essa é uma conversa normal e corriqueira, do tipo que mantemos todos os dias. Porém, é bem provável que não revele quase nada sobre a nossa vida real. Não queremos contar que um dos nossos filhos talvez repita de ano, que às vezes não encontramos sentido no nosso trabalho ou que mudar de cidade talvez tenha sido um erro. Em geral, sentimos vergonha da maior parte das nossas características humanas."

Ela cita Rumi, um poeta sufi do século XIII, que falou de nosso "segredo às claras": que todos caminhamos pela vida com um mesmo segredo. Que todos nós somos imperfeitos, enfrentamos nossas dificuldades, nossas dúvidas, nossos altos e baixos. "Que surpresa!", escreveu Lesser. "Assim como você, eu também me comporto muito mal às vezes. Eu machuco os outros, sou covarde, me deixo levar por pensamentos maldosos, fico enrolando em vez de fazer algo útil. Assim como você, eu me pergunto se a vida tem sentido, me preocupo com coisas que não posso controlar e muitas vezes sinto que sou invadida por uma onda de anseio por algo que não sei nomear. Mesmo tendo vários talentos e habilidades, às vezes me sinto frágil e insegura. Preciso de vínculos com outras pessoas e de que alguém me tranquilize, garantindo que está tudo bem. Esse é meu segredo que tento esconder de você, assim como você tenta esconder de mim o seu (que é o mesmo). E assim nos fazemos mutuamente um grande desserviço."

Eu li esse parágrafo com uma mistura de alívio e decepção. Afinal, uma parte de mim queria acreditar que uma personalidade como Elizabeth Lesser – psicóloga famosa, autora campeã de vendas, palestrante do TED Talks – deveria estar com a vida resolvida. Que eu não estivesse, tudo bem, mas ela sem dúvida estaria. Eu queria pensar que, depois de todas as confusões, turbulências, leituras, meditações, os casamentos, caminhos e curvas, chegaria o final feliz. Mas acontece que, no fim das contas, todos nós somos humanos. E isso significa que continuaremos tropeçando nas próprias pernas e que nosso caminho em direção ao final feliz não tem fim. E também significa que todo mundo é parecido – inclusive na hora de fingir que tudo vai bem. Certa vez ouvi alguém dizer que não deveríamos confundir o cenário de outros com os nossos bastidores. Porém, continuamos fazendo isso e sempre saímos perdendo, nos esquecendo de que os outros, nos bastidores, também são muito parecidos conosco. Diante do que consideramos uma derrota pessoal, começamos a fingir, e aí são os outros que se sentem mal. Se a situação é essa, por que fazemos isso? Por que sinto essa tentação irresistível de mostrar que estou bem e que tudo vai bem na minha vida? Por que faço isso com você? Por que você faz isso comigo?

O fato de eu ser uma mulher normal tem me confortado ao longo dos anos. Saber que todos nós somos parecidos uns com os outros, que todos travamos nossas batalhas, que todos "somos iguais perante o tempo e a chama", como cantava o polonês Stanisław Soyka, transformou-se em uma mensagem importante do meu Remetente Desconhecido e me dá forças para enfrentar as inevitáveis dificuldades da vida.

"*Você não está sozinha*"

No filme *A dupla vida de Véronique* há a seguinte cena: Véronique está sentada com seu amante em uma cama coberta com uma colcha vermelha. "O que mais você quer saber de mim?", ela pergunta. "Tudo", responde o amante. Véronique se levanta, pega sua bolsa na mesa e, em um gesto ousado – convenhamos –, joga tudo que está dentro em cima da cama. O amante pega o protetor labial, os óculos de sol, uma bola de vidro e uma tira de negativos com fotografias de sua viagem a Cracóvia. Ele aproxima os óculos dos negativos para observar as pequenas imagens. "Linda foto. Você com esse casaco comprido...", diz ele, observando uma das fotos. "Não sou eu", responde Véronique. "Não?" Ele parece surpreso e lhe devolve os negativos.

"Meu casaco não é esse", garante Véronique, comovida, acariciando a fotografia com um dedo e começando a chorar.

Dessa maneira, Véronique descobre que não está sozinha no mundo: por acaso, tirou uma foto da Véronique que vive uma vida paralela em Cracóvia. É ela e ao mesmo tempo não é. Não é uma sósia, sua gêmea nem sua irmã: é outra "ela".

O mundo em que não estamos sozinhas, em que *realmente* não estamos sozinhas, é diferente do mundo onde moram a Rainha da Neve, a Submissa e a Sofredora, pois todas as três se sentem condenadas à solidão.

Certa vez, dei uma série de oficinas para mulheres palestinas. Era parte de um programa de ajuda dos Estados Unidos, em que coaches e professoras de várias partes do mundo iam à Palestina para conversar com mulheres sobre seu direito ao voto e também a se apresentarem como candidatas em uma eleição. Passamos dois dias em Jerusalém. Fez um pouco de frio na nossa última noite e eu não tinha levado agasalho. No dia seguinte, fomos a Gaza, onde eu daria as aulas, e senti que estava ficando resfriada. Acordei de manhã, desci para tomar café e tentei dar bom-dia às minhas colegas de viagem, mas não consegui. Eu tinha perdido a voz e percebi que, mesmo estando relativamente bem, não conseguiria pronunciar uma única palavra naquele dia. Por isso eu teria um dia livre em Gaza.

Amarrei um lenço na cabeça e saí da pensão. Comecei a caminhar em direção à praia, passando ao lado de edifícios abandonados, casas destruídas e grupos de homens sentados na frente de suas casas, surpresos com a minha presença. Ao longo do caminho cresciam oliveiras dispersas, havia montículos de arbustos secos e palmeiras repletas de poeira. Eu estava rodeada por uma grande pobreza: a taxa de desemprego em Gaza rondava os 60% e a cidade estava – e ainda está – destruída por conta do conflito entre Palestina e Israel e por causa do bloqueio que já enfrenta há muitos anos.

Cheguei a uma praia ampla, localizada aos pés de uma duna. Não havia hotéis, guarda-sóis nem toldos. Só o mar, uma areia dourada escura, um pouco de lixo, algumas pedras e um grupo de cinco crianças: dois meninos e três meninas. O mais novo devia ter uns 4 anos, a mais velha parecia ter 12. Suas risadas e tudo o que diziam se misturavam ao barulho das ondas, e o eco podia ser ouvido por toda a praia. Eu me aproximei. Eles me viram. Acho que minha presença nunca despertou tanto interesse em um grupo de pessoas nem antes nem depois desse episódio. Sem dúvida, minha mera presença era uma diversão para eles, que riam, gritavam, apontavam na minha direção: eu era uma mulher branca que chegara ali sozinha, vestindo calça comprida e com o rosto descoberto. Feliz por ter despertado tantas emoções, decidi dobrar a aposta e tirei o lenço da cabeça. Eu estava com o cabelo muito curto e claro. O entusiasmo deles, como eu imaginara, só fez aumentar: as risadas e os gritos ficaram cada vez mais fortes. Que espetáculo! Depois vi que as crianças começavam a discutir. Mesmo sem entender uma única palavra, percebi que alguém dera uma ideia e eles a discutiam. Havia vozes a favor, vozes céticas, mas, no final das contas, não restava dúvida de que as crianças tinham tomado uma decisão. Uma das meninas empurrou suavemente a outra na minha direção; era a mais velha de todas, que usava um vestido verde-escuro. Ela era a que argumentava com mais veemência. Parou do meu lado e estendeu a mão. Cinco pares de olhos grandes e escuros me observavam com tensão. Segurei a mão dela, que começou a apontar para cima com a outra mão: entendi que queria me levar até a casa dela e me apresentar aos pais. Fiz que sim com a cabeça em sinal de concordância. A menina começou a andar na minha frente por um caminho de areia fofa. Eu a segui, com o lenço outra vez na cabeça. Aos meus dois lados, afundando na areia, caminhavam as outras quatro crianças. Quando nos aproximamos de um edifício, a menina começou a correr. Tínhamos chegado ao que as crianças (que nesse momento percebi serem irmãos) chamavam de casa. O edifício, como tantos outros da cidade, tinha o aspecto de que alguém decidira construí-lo e depois mudara de ideia. Não tinha portas nem janelas. O chão era de terra batida. Em uma esquina havia algo que parecia um forno a lenha. Na outra, um colchão. Na casa havia um homem e uma mulher que sorriram ao me ver. E me convidaram para entrar. Eu me sentei em uma almofada e começamos a conversar. Eu ainda estava rouca, mas comecei a recuperar a voz.

Até hoje, não sei como conseguimos nos comunicar, já que, em árabe, eu só sabia dizer algo que se parecia com "obrigada", e eles sabiam, no máximo, quatro palavras em inglês. Mas consegui entender o que os pais daqueles cinco irmãos diziam. Descobri o nome e a idade de cada um. Eles me contaram que frequentavam uma escola e que a menina com vestido verde era muito boa aluna. Deduzi que os pais não tinham trabalho fixo, que viviam do que às vezes conseguiam vender (mas não entendi exatamente o que vendiam). Graças à determinação de ambas as partes, consegui, por um caminho difícil e tortuoso, contar a eles de onde eu vinha usando a palma da minha mão como mapa-múndi. Disse que era casada e não tinha filhos. Essa última parte foi recebida com grande compaixão; eles prometeram solenemente rezar para que Alá me desse descendentes. Bebi quantidades indecentes de um chá de menta delicioso e doce como caramelo. Aprendi como se diz "chá" em árabe e ensinei a eles como se diz em polonês. Recebi muitos elogios pela cor dos meus olhos. Expressamos grande admiração pela beleza do mar, do céu e do poder de Deus. No final, nos despedimos com reverências profundas e uma troca de bênçãos.

Quando saí da casa dos meus novos amigos, o céu estava ainda mais impressionante. O mar, ainda mais majestoso. Voltei à pensão pelo mesmo caminho, mas senti que dentro de mim acontecera uma transformação e que meu coração estava nutrido. Eu não estava sozinha no mundo. Essa foi a mensagem do Remetente Desconhecido.

"Não há nada de errado com você"

Para mim, essa é a mensagem mais difícil de aceitar. Eu posso aceitar que tudo seja como deveria ser. Posso aceitar que devo acolher como um presente o destino que me foi dado. Quanto a tudo isso, sem problema. Mas… que não há nada de errado comigo? Especificamente comigo? Nada de errado com esta pessoa cujos atos, sentimentos e negligências eu conheço de cor? Jura? Mesmo tendo feito todas aquelas coisas estúpidas (que não vou nem mencionar)? Mesmo tendo sentido coisas que eu não queria sentir e tendo feito coisas que eu não queria fazer? "Você tem que se perdoar pelo fato de ser humana", disse Woodman em uma entrevista para a revista *Parábola*. Por que eu percebo que brotam lágrimas nos meus olhos ao ler essa frase?

Na teoria, tudo bem. Há mais de dez anos eu leio sobre esse assunto e faço que sim com a cabeça. Há alguns anos, também escrevo sobre o assunto. Porém, a cada dia, em algum momento, sou infiel a essa ideia: quando me deixo arrastar pelo terror da Rainha da Neve; quando obrigo meus entes queridos a contrair dívidas comigo sendo a Sofredora, pensando que vão parar de me amar se eu não fizer nada por eles. Quando me encolho na minha docilidade, morta de medo de que, se eu disser o que penso, as pessoas acabem me rejeitando e depois eu mesma me rejeite.

Uma coisa é saber, outra é colocar em prática, deixar que penetre em seu corpo, no tecido da vida cotidiana. Se você sabe como fazer isso, me escreva, porque eu não sei – e, se você não sabe, pode me escrever também; vamos debater juntas. Pela minha experiência, esse é um exercício diário, uma tarefa trabalhosa que exige muitas repetições e oferece resultados se tivermos paciência; mas nunca é um trabalho acabado.

Naquele sonho em que ouvi uma voz vinda do terceiro andar, havia pessoas sentadas na mesa da sala de jantar, havia pessoas cuja voz escutei ao subir e havia eu, a pessoa que decidia se levantar da mesa e seguir aquelas vozes. Acho que todas carregamos dentro de nós versões dessas personagens do meu sonho. Somos como uma casa grande com muitos habitantes. Há os que se sentam à mesa, na sala de jantar: bem-vestidos, elegantes, prontos para o dia. Se alguém chamasse à porta, uma daquelas pessoas se levantaria para abrir – pois são elas as anfitriãs. Diante de um fotógrafo, todos os que estavam sentados à mesa ficariam de pé para uma foto de família. Nessa casa, se ainda existisse um telefone com fio e uma secretária eletrônica, a mensagem seria gravada em suas vozes alegres, pedindo que deixássemos um recado após o bipe.

E as do terceiro andar? Essas partes escondidas, menos extrovertidas – essas partes de nós que escondemos de nós mesmas? Essas não se sentam à mesa, não abrem a porta de casa, é possível que nem as deixemos sair do quarto ou do sótão. Talvez tranquemos a nós mesmas a chave. Talvez choremos com o rosto enfiado no travesseiro, como aquela mulher do capítulo sobre a Rainha da Neve, tão profissional, tão corporativa, em uma sala de reuniões chique.

A personagem que me desperta mais curiosidade é a última: a que se levanta da mesa e sobe, a que quer saber.

Se eu sou capaz de sonhar esse sonho, de me lembrar dele pela manhã, de analisá-lo acordada, de escrever sobre ele... então eu devo estar pronta para começar o processo ao final do qual todas essas partes de mim (as boas e as ruins) se sentarão juntas à mesa.

Essa é minha maneira de entender a frase de Woodman sobre "perdoar-se pelo fato de ser humana"; aceitar que tenho minhas partes indesejáveis e parar de me boicotar. A Sofredora, a Rainha da Neve e a Submissa: cada uma delas é fruto da falta de autoaceitação.

Em seu livro *The Compassionate Mind* (A mente compassiva), o professor de psicologia Paul Gilbert faz a seguinte reflexão: "Eu não escolhi a cor dos meus olhos nem o formato das minhas orelhas. Não escolhi se, por questões genéticas, terei maior probabilidade de contrair certas doenças, se vou engordar ou ficar magro, se terei maior propensão à ansiedade ou à depressão. Sem dúvida, não escolhi os estados emocionais que meu cérebro produz: minha capacidade de sentir amor, raiva, medo, nojo, etc. Tudo isso faz parte da minha configuração."

Além de não termos escolhido nossos genes, também não tivemos influência em outros elementos-chave que nos moldaram: "Se eu tivesse vivido a desgraça de passar meus primeiros anos de vida em um orfanato e tivesse ficado todos os dias a sós na minha cama, sem desfrutar de cuidados amorosos nem de relacionamentos próximos, todo o potencial que poderia surgir em mim graças ao amor e à bondade – que são o alimento do meu cérebro – teria sido desperdiçado. Eu teria perdido minha capacidade intelectual e meu cérebro não teria as mesmas conexões que tem hoje. O potencial que permitiu que eu me transformasse em professor de psicologia não teria sido aproveitado. Ainda assim, todos esses fatores nos quais não tive nenhuma influência contribuíram, em grande medida, para a pessoa que me tornei, para as coisas em que acredito e para a minha forma de enxergar a mim mesmo. Dessa maneira, meu 'eu' acabou ganhando forma graças a um complexo mosaico de genes e ao meu entorno. Eu não escolhi nenhum desses elementos! Então, grande parte do que sou hoje foi criada de forma alheia à minha capacidade de escolha. Você deve entender que tudo isso tem consequências profundas para a compaixão que sentimos pelos demais e também por nós mesmos."

Se não escolhemos nosso nariz torto nem nossas orelhas proeminentes, nossa discalculia ou nossa neurose, por que os julgamos com tanta severidade? E o que aconteceria se nos observássemos com os olhos de pais amorosos? Esse olhar que faz com que um pai ou uma mãe tire inúmeras fotos dos filhos, todas idênticas (do ponto de vista de um desconhecido) e totalmente irrelevantes? Como seria se olhássemos para nós mesmas com amor? Se conseguíssemos fazer isso, como isso transformaria nossa vida e nossos relacionamentos? "As feridas causadas em um relacionamento só podem ser curadas em um relacionamento", escreveu Jon Frederickson em *The Lies We Tell Ourselves*. Porém, se embarcarmos em um relacionamento sem nos aceitar, a parte de nós que não é amada ficará louca e destruirá esse relacionamento, da mesma forma que uma criança abandonada destrói uma torre de blocos de brinquedo em um ataque de fúria.

No filme *Gênio indomável*, dirigido por Gus Van Sant, o personagem principal (interpretado por Matt Damon) se chama Will Hunting, é um jovem com talento excepcional para a matemática e trabalha no serviço de limpeza do Massachusetts Institute of Technology. A vida de Will parece uma versão alternativa do trecho de Paul Gilbert que acabei de citar. Hunting é órfão. Quando pequeno, vagava de um lar temporário a outro. Em pelo menos dois deles sofreu violência física e psicológica prolongada. Após agredir um policial, foi obrigado a fazer um tratamento dirigido por Sean Maguire, o psicoterapeuta interpretado por Robin Williams. Em uma cena da qual nunca me esquecerei, Hunting procura Maguire. O terapeuta segura a documentação judicial que contém todo o caso de Will, os relatórios da perícia, opiniões de psicólogos, etc.

– Você quer ler? – pergunta Maguire ao paciente.

– Para quê? – responde Will. – Você tem experiência com esse tipo de caso?

– Claro. Eu me dedico a isso há vinte anos, vi muita coisa horrível.

Mas Hunting está perguntando outra coisa.

– Não. Estou perguntando se você tem experiência.

Will não está interessado na competência, nos diplomas ou no currículo de Maguire. Ele está perguntando se o terapeuta já viveu isso na própria carne. E isso é o que abre a conversa: o especialista e o paciente abandonam seus papéis e se encontram cara a cara. Duas pessoas que viveram um sofrimento muito parecido: a violência paterna. Maguire fala sobre o pai alcoólatra e Hunting sobre um padrasto violento.

– O que está escrito aí? – pergunta Hunting, finalmente. – Que Will tem transtornos de apego? Medo do abandono?

Na voz de Will, notamos uma amarga ironia. Seria difícil não falar com amargura ao observar-se no frio espelho que reduz sua intensa dor à linguagem da psiquiatria. Mas esse terapeuta em especial tem algo mais a lhe oferecer. Ele lhe estende a pasta de papel dentro da qual toda a vida de Will se resume a uma asséptica descrição que cabe em duas folhas.

– Quer saber? – diz ele. – Nada dessa merda que você vê aqui é culpa sua.

O rosto de Will se transforma em uma careta.

– Sim, já sei.

– Não é culpa sua – repete o terapeuta. – Olhe para mim, garoto. Não é culpa sua – diz ele pela terceira vez.

– Eu sei – repete Will, fazendo uma careta como se estivesse engolindo algo amargo.

– Não é culpa sua – repete Maguire, pela quarta vez.

Will arregala os olhos, como se acabasse de perceber que aquela não é uma conversa normal.

– Eu sei – repete ele mais uma vez.

– Não, você não sabe – corrige Maguire, aproximando-se dele. – Não é culpa sua. – Quinta vez. – Não é culpa sua. – Sexta.

– Pare de gracinha! – grita Will, e lágrimas surgem nos olhos dele.

– Não é culpa sua. – Sétima.

– Para de gracinha, porra! – grita Will, empurrando Maguire.

– Não é culpa sua – repete Maguire pela oitava, nona, décima vez, até que Will desmorona, sua raiva se transformando no que estava por baixo dela: dor. Will chora, Maguire o abraça, o personagem do terceiro andar do meu sonho tenta virar a maçaneta e ela gira.

Como poderíamos reproduzir essa cena em nosso coração, mesmo que nossas feridas não sejam tão profundas assim e o final não seja tão hollywoodiano? Como poderíamos abraçar e acolher essas nossas partes mal-acabadas e não amadas?

"Me dê um nome"

A mensagem do Remetente Desconhecido que apareceu no final era: "Me dê um nome." Eu sabia que, no meu caso, essa personagem era uma mulher. Sabia que precisava de um nome para ela, porque nem a Rainha da Neve, nem a Submissa, nem a Sofredora me levariam em direção a mim mesma. Era necessário que houvesse uma Quarta Personagem para que esse trio pudesse se transformar sob seu olhar amoroso.

Demorei muito para encontrar um nome. Acabei tendo uma ideia quando assistia pela enésima vez ao discurso de entrega do Prêmio Nobel a Olga Tokarczuk, intitulado "Terno Narrador".

Terna Companheira!

A Terna Companheira é minha instância interior, sempre presente, que me guia quando escolho o que me faz bem. Ela é feita de amor e coragem. Sem coragem, o amor não sairia do lugar, e a coragem sem amor não seria suficientemente afável. Eu sei que há muitos anos ela trabalha dentro de mim, me guiando quando digo "sim" ou "não" em assuntos de trabalho. Ela me levou para conhecer um pomar em um povoado perto de Cracóvia, onde depois construímos nossa casa. Fez com que eu me apaixonasse por um homem que está ao meu lado há 27 anos. Encheu meu coração de amor pelo meu filho antes mesmo de eu conhecê-lo e me incentivou a ir atrás dele.

É ela quem traz náuseas ao meu estômago quando não reajo a um ataque; lágrimas quando outra mulher conta algo que eu também conheço bem; calor ao meu coração quando escuto conversas entre meu marido e meu filho; uma sensação de abundância quando estou sentada no jardim dos meus pais. Ela me fez devorar o livro *Mulheres que correm com os lobos*, de Clarissa Pinkola Estés, um livro extenso, denso, repleto de simbolismo e, provavelmente, o mais importante da minha vida. E que disse: "Vá praticar yoga." E, quando eu pensei em parar, retrucou: "Não pare, continue. Simplesmente recomece."

Foi ela, justamente, minha Terna Companheira, quem me disse: "Escreva um livro."

Embora Deus saiba quantas bobagens fiz pelo caminho e quantas vezes me enganei e agi contra mim mesma, a Terna Companheira nunca me deixou na mão. Escolher uma direção ou outra não depende do que ela diga, mas de eu querer escutar a sua voz.

Minha Terna Companheira é mais nova e mais velha do que eu.

Parece ter duas missões principais.

Primeira missão: costurar o que descosturou

Integrar, costurar, recompor essas partes de mim que meu ego, meu medo, meus hábitos não desejados quiseram esconder no sótão, no porão, debaixo da terra, no segundo ou terceiro andar. Essas partes que, em algum momento da minha vida, há muito tempo, foram arrancadas.

O que há de difícil e imperfeito em nós não surgiu por nossa vontade. É a síntese de um conjunto de acontecimentos que vêm nos construindo desde a mais tenra idade. Há muito, muito tempo, surgiu o medo da perda do calor humano, da segurança, do amor. Quando pequenas, tanto eu quanto você imaginávamos que deveríamos fazer algo para merecer esse amor. Sentíamos que o que éramos, no final das contas, não era suficiente. Que deveríamos nos comportar de outra maneira, falar de outra maneira, ter outro aspecto e expressar emoções de outra maneira.

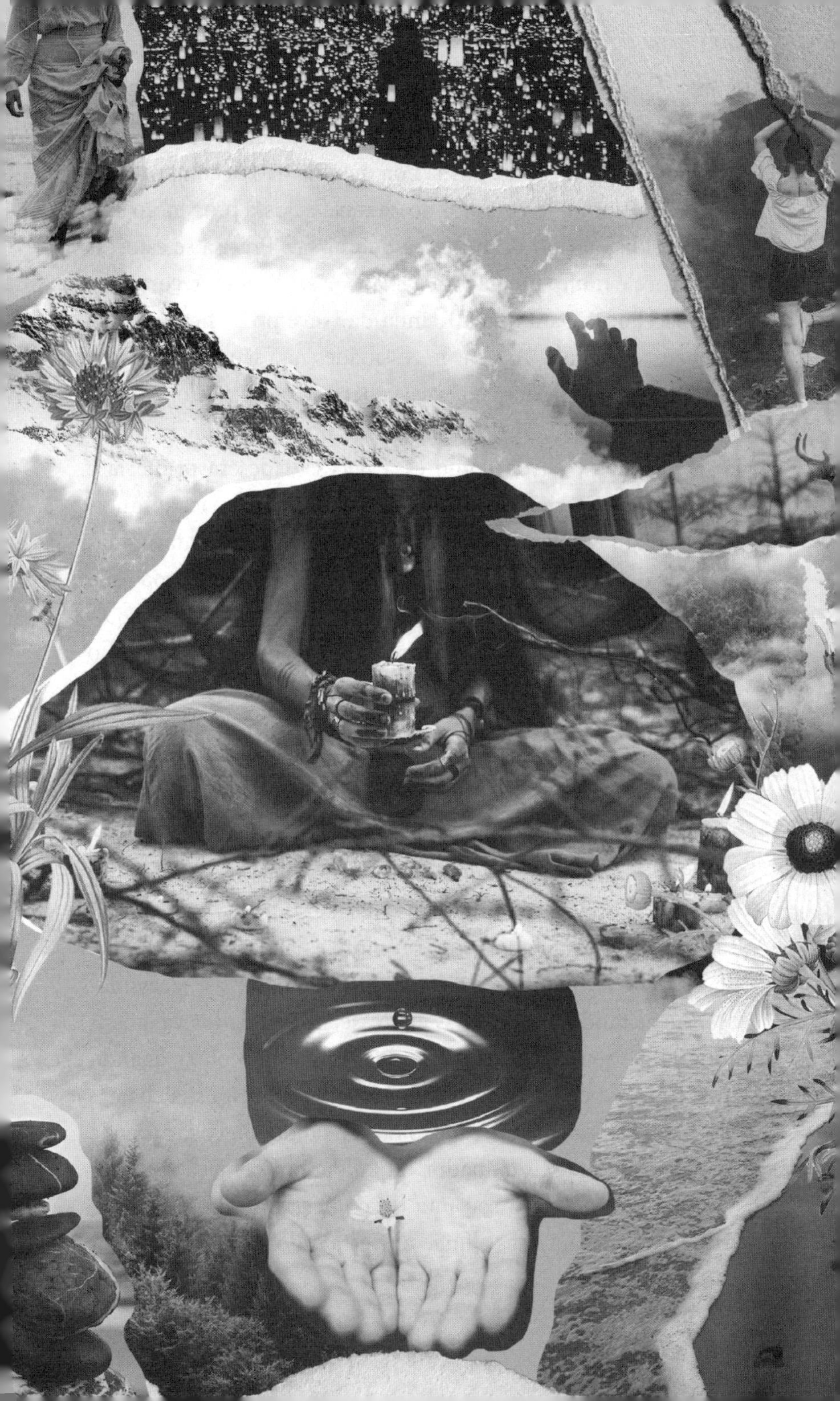

E, assim, restringimos nosso verdadeiro potencial; recortamos o que parecia inadequado. "Uma boa menina não se comporta assim." Zás! Pronto, recortamos nossa raiva e nossa propensão inata à rebeldia, abrindo caminho à Submissa. "Precisa se esforçar mais, você é muito preguiçosa e feia…" Zás! Pronto, recortamos a autoaceitação para que a Rainha da Neve possa ficar confortável em seu trono. "As suas necessidades não são importantes." Zás! Pronto, a Sofredora abaixa a cabeça ao escutar isso.

Nos anos 1930, Harry Harlow fez uma experiência muito cruel que demonstrou como essa necessidade era primária e básica. Harlow criou dois tipos de "mães" para macaquinhos. Eles podiam escolher entre uma mãe que os amamentava, mas era feita de arame, e outra, que não oferecia alimento, mas que eles podiam abraçar. Como você pode imaginar, os macaquinhos escolhiam mais a mãe agradável ao tato, mesmo que isso significasse falta de alimento.

Nada parece indicar que a necessidade de carinho, de amor, de vínculo seja menor ou menos fundamental nos humanos do que nos macacos. Para estabelecer relacionamentos fazemos qualquer coisa, especialmente se levarmos em consideração a dimensão puramente biológica: se nossos pais nos abandonarem, não sobreviveremos. Por isso a criança tenta "se encaixar" para viver um relacionamento próximo e não arriscar perdê-lo. Ela escolhe o vínculo em detrimento das próprias necessidades, suspeitando que, caso as expresse, seu cuidador vai abandoná-la. Se seu cuidador ou cuidadora afasta o olhar quando você chora, você aprende a não chorar. Se expressa sua chateação e percebe raiva ou decepção no seu cuidador, você aprende a ocultá-la. E se seu cuidador ou cuidadora começa a chorar quando você chora, o seu mundo começa a se desestruturar, você engole as lágrimas e finge que está tudo bem.

Já percebeu que em muitos filmes os personagens são unidimensionais: só bons ou maus? Você chega na sala de estar no meio do filme, se joga no sofá, olha para a tela e pergunta a quem estava assistindo desde o início: "Ele é o mocinho ou o vilão?" Às vezes, nem precisa perguntar, basta observar o rosto raivoso e sombrio do protagonista para perceber. Mas a nossa vida não é um filme desses; os protagonistas são complexos, e a pergunta sobre quem é o mocinho e o vilão não faz sentido. Uma mãe que parece distante: em um filme B, veríamos como o filho chora no berço enquanto ela sai do quarto para fumar um cigarro na varanda, mesmo que ainda esteja amamentando. Em um filme chamado "vida", essa mesma mulher pode estar sofrendo de depressão pós-parto. Um pai que abandonou a família, em um filme unidimensional, seria apenas um idiota que foi embora sem mais nem menos. Em um filme chamado "vida", é mais provável que, quando criança, ele não tenha experimentado um vínculo de apego seguro. Se o filme abordasse a infância desse pai, sem dúvida despertaria compaixão no público ao estampar a cena em que ele fica olhando um carro desaparecer na distância.

Há um filme de que eu gosto tanto que, quando troco de canal e ele está passando, meu marido, sentado ao meu lado, deixa escapar um suspiro de desespero porque sabe que vou querer vê-lo até o fim. Trata-se de *As horas*, baseado no magnífico livro homônimo de Michael Cunningham. Uma das protagonistas, Laura Brown, interpretada por Julianne Moore, é dona de casa, esposa e mãe de um filho pequeno. A história se passa nos Estados Unidos dos anos 1950. Em uma cozinha impecável, vemos, em um jarro de cristal, um buquê de rosas amarelas que Laura ganhou do marido. Quando ele sai para trabalhar, ela espia por trás da cortina e sorri. "Vamos fazer um bolo de aniversário para o papai, para que ele saiba que o amamos", diz ao filho. Porém, o bolo não sai como esperado. Nesse mesmo dia, ela leva o menino à casa da babá e vai para um hotel. Reserva um quarto e pede para não ser incomodada. Ela se deita na cama e, da bolsa, tira frascos laranja com comprimidos. Nessa cena, que me comove muito, vemos uma "dona de casa feliz", grávida de cinco meses, vestida com um conjunto marrom perfeitamente passado, com um penteado impecável, deitada em uma cama de hotel. A cama começa a afundar, submergindo-se em uma água turva, e Laura desaparece por um momento.

O que Laura está tentando fazer é colocar fim à própria vida. Mas não faz isso. Ela toma fôlego como alguém que, no último momento, conseguiu chegar à superfície, se senta bruscamente e começa a chorar. E acaba não fazendo o que planejara.

Na mesma tarde, ela toma uma decisão: vai abandonar a família após dar à luz seu segundo filho. E é o que ela faz.

"Que mãe abandonaria os filhos?" é uma pergunta que muitas de nós certamente faríamos. Mas a Terna Companheira fica em silêncio. Ela sabe que a vida é complicada, complexa, e que, no final das contas, todos nós precisamos de amor. Nem todos sabemos oferecê-lo – e o que às vezes é ainda mais difícil –, nem todos sabemos recebê-lo.

Os seus pais, por exemplo, têm sua própria bagagem emocional – a qual você não conhece. Mas será que saber disso diminui a sua dor, o seu sofrimento, quando você era pequena demais para cuidar de si mesma? Não, porque dor é dor.

Não pretendo abordar nem discutir a questão da responsabilidade moral de pais e mães que talvez "não tenham sido bons o suficiente". Ninguém sabe o peso que eles carregaram, as batalhas que enfrentaram, nem até que ponto o fato de os seus filhos e filhas terem se tornado adultos feridos foi uma escolha consciente ou o resultado de suas próprias feridas e lutas internas. Talvez Laura Brown tenha sido obrigada a travar uma batalha pelo amor do filho muito mais dolorosa e difícil do que uma mãe que estava sentada ao lado dela em um parquinho e que nunca abandonou um filho. Nem eu nem você sabemos a resposta. E será que as batalhas que ela perdeu ao partir diminuirão o sofrimento de seu filho, que, já na vida adulta, talvez nunca encontre um final feliz? Não.

Sei que uma criança só entende o "sim" ou o "não" que escuta do mundo – ou seja, das pessoas mais próximas.

Se não há ninguém por perto, a criança escuta o "não". "Desapareça, o mundo não quer você."

Se o cuidador às vezes se aproxima e às vezes se distancia, a criança aprende a identificar o "sim" ou o "não". Para escutar o "sim", ela sacrifica a parte de si mesma que pensa ser a causa do "não".

Só o "sim" significa "Você pode ficar aqui, há lugar para você neste mundo. Você é bem-vinda ou bem-vindo nos meus braços e, por extensão, no mundo".

Eu fiz uma descoberta interessante: o que uma criança percebe como "não" nem sempre é fruto da frieza, da distância ou do abandono. Aliás, pode ser o resultado do tanto que o pai ou a mãe se preocupam com seu papel como genitores. Se, por exemplo, a criança tem pais jovens que não fazem ideia de como cuidar dela e que, ao contrário do que viram em anúncios publicitários e do que as tias disseram, não foram abençoados com o surgimento espontâneo do chamado instinto materno ou paterno, ela vai ficar simplesmente apavorada. "Nossa, ela está chorando de novo! O que aconteceu? Eu acabei de dar de mamar. Viu essa irritação no corpo dela? Caramba, será que é grave? Por que ela fez essa careta? Vê se está com febre. As bochechas dela estão vermelhas!" O mundo de uma criança cujos pais não são calmos é instável. E ela estará sempre inquieta, não porque os pais não liguem quando chora ou não consegue dormir, mas porque ligam demais e, ao mesmo tempo, não se sentem seguros (e como poderiam se sentir?) de que estão fazendo a coisa certa. Nesse sentido, a superproteção e os medos dos pais, mesmo sendo fruto de intenções nobres, podem ser percebidos pelo bebê ou pela criança como uma forma de rejeição, como um "não". "Não, o mundo não é um lugar tranquilo onde seu choro, seu mal-estar e sua raiva vão encontrar um porto seguro."

Sendo mãe, eu também sei que, embora nosso amor pelos filhos seja incondicional, infinito, é impossível nunca dizer algum "não". Nesse sentido, todo ser humano está condenado a experimentar o que Gabor Maté define como trauma. Em seus vários livros e palestras (que podemos encontrar no YouTube e são muito interessantes), Maté diz que o trauma não é um acontecimento trágico que afeta poucas pessoas. Ninguém precisa ser um soldado que viu seus amigos morrerem ou uma mulher que foi abusada sexualmente pelo padrasto na infância para experimentar um trauma. Segundo sua definição, trauma nem é o que aconteceu conosco, mas nossa reação a esse acontecimento, nossa correção interna da qual já falei: a decisão do nosso sistema interior de separar de si mesmo uma parte de sua identidade. É como nos filmes de catástrofes, quando alguém precisa ser lançado para fora de um bote furado que está afundando para não acabarem todos mortos. Da mesma forma, para sobreviver, nos desfazemos dessa parte de nós mesmos que parece não ter direito de existir, o que, nesse exato momento, é muito difícil para nós.

Na conferência da ACEs (Adverse Childhood Experiences – Experiências adversas da infância), na Escócia, Maté disse o seguinte: "O trauma não surge do fato de seus pais brigarem e se divorciarem, de seu pai ter sido preso, de você ter sido testemunha ocular dos vícios de seus entes queridos, de ninguém ter cuidado de você. Isso não produz um trauma, são apenas os acontecimentos que causaram o trauma. O que é um trauma? Não é o que acontece conosco, é o que fica na gente como resultado desse evento. O trauma é um acontecimento interno. O termo vem da palavra grega *traûma*, que significa *ferida*. O trauma, portanto, é uma ferida. Vamos imaginar, por exemplo, uma ferida na pele como consequência de um corte. Vem a dor, alguma perda de função e a cicatriz. E uma cicatriz não é igual a um tecido saudável. É endurecida, e o local da cicatriz é menos sensível. Não é tão elástica quanto o tecido conjuntivo. Então, como resultado de um trauma sentimos dor, nossas reações ao entorno se tornam mais rígidas e perdemos contato com nossos sentimentos. Quando falamos em 'alienação', a mais primária delas é a desconexão com nós mesmos (…). O trauma, em sua essência, é a desconexão com você mesmo."

O que fica separado, desconectado, nunca desaparece totalmente. Primeiro fica congelado, como um nódulo de energia coagulada. Depois vira algo cotidiano, se transforma em um hábito reforçado pelas mensagens que escutamos em casa e fora dela. As tristezas não choradas, os medos imobilizados, a raiva não expressada: tudo fica rígido dentro de nós. Vejamos um exemplo: a sua mãe se chateava quando você, ainda pequena, chorava; você recebeu a informação de que seu choro gerava um "não" (e ela, quando criança, com certeza recebeu o mesmo tratamento da mãe). Depois, quando você cresceu um pouco, vieram as palavras: "E agora, por que está chorando? Está tudo bem! Pare de se lamentar!" Formou-se em você o que a psicologia cognitivo-comportamental chama de "esquema cognitivo". E o seu GPS interno lhe diz que caminho seguir.

Os esquemas cognitivos são construídos sobre uma base de crenças sólidas. As crenças centrais lhe dizem como é o mundo e qual é o seu lugar nele: quem você é e como é. As crenças intermediárias levam você a desenvolver uma maneira determinada de agir no mundo. Se os seus cuidadores se afastam quando você chora, você pode chegar à seguinte crença central: "Eu não sou suficiente." Junto a uma crença intermediária mais prática: "Se eu expressar minha tristeza, os outros vão me abandonar." Então tudo começa a funcionar de acordo com esse esquema: você aprende a engolir as lágrimas e esconde sua tristeza tão profundamente que nem você mesma tem consciência de senti-la.

Trinta, quarenta, cinquenta anos mais tarde, uma mulher adulta vem a uma das minhas oficinas e conta sua história ou escuta histórias de outras mulheres. Pela primeira vez em muito tempo, ela toca a própria tristeza – ou a tristeza a toca. Esse sentimento normalmente nasce no abdômen, sobe, amolece toda a resistência e faz os olhos se encherem de lágrimas. Tudo quer sair, tudo que é frágil, sensível, terno, infantil, tudo que não se permitiu ser enterrado sob diplomas, títulos, sob o lápis de olho e o rímel. As lágrimas querem dizer: "Estamos aqui." E a mulher diz, assustada: "Droga, me desculpem! Me desculpem. Eu prometi a mim mesma que não ia chorar! Nossa, outra vez, estou chorando de novo!" A mulher tenta se conter, mas nós cruzamos os dedos para que ela não consiga puxar o freio de mão. "Ai, que lágrimas idiotas!" E a confusão está armada, as mãos começam a buscar, com nervosismo, um lenço de papel nas profundezas da bolsa, e os lenços de papel viajam daqui para lá. "Me desculpem, me desculpem, não vai acontecer de novo!" Quase sempre é assim, até apresentarmos a regra de que as lágrimas não são apenas boas, mas também nossas guias. Elas nos levam a lugares que querem ser vistos, e nós queremos essas lágrimas, damos boas-vindas a elas e dizemos: "Até que enfim, estávamos esperando por vocês. Venham!" Passamos todos esses anos esperando por elas, sempre pensando que seriam algo de que nos envergonharíamos. Um encontro com as lágrimas exige de você (e de mim) uma ruptura com o medo primário.

No seu livro *Shambhala: A trilha sagrada do guerreiro*, o mestre budista Chögyam Trungpa escreve o seguinte: "Para encontrar o caminho que nos leva além do nosso medo começamos com a análise desse medo, com a intranquilidade, com o nervosismo, com a ansiedade, com a tensão. Se olharmos dentro do nosso medo, debaixo da superfície, a primeira coisa que veremos será a tristeza. Essa inquietude que vibra constantemente dentro de nós. Mas se, sentindo o medo, tentamos ir mais devagar e soltar a tensão, surgirá uma tristeza calma e tranquila. A tristeza toca o centro do seu coração e gera lágrimas. Antes de você começar a chorar, há uma sensação em seu peito, e só depois os seus olhos se enchem de lágrimas. Nos seus olhos aparece uma poça ou uma cascata, e você sente tristeza, solidão, inquietação, melancolia. É o primeiro sinal de valentia, o primeiro prenúncio da verdadeira coragem. É possível que você tenha pensado que, ao experimentar a coragem, escutaria o começo da Quinta Sinfonia de Beethoven ou veria uma grande explosão no céu, mas nunca é assim. Para descobrir a coragem dentro de si, é preciso trabalhar o tecido sensível do seu coração humano."

É o caminho pelo qual a Terna Companheira nos conduz. Quando entendemos que não vamos obter o que realmente necessitamos nem na carreira da Rainha da Neve, nem através da obediência à Submissa, nem com o aparente sacrifício da Sofredora, é possível que um novo caminho se abra à nossa frente: o caminho de volta a nós mesmas.

Uma das paradas desse caminho serve para percebermos o tanto de amor que, quase com certeza, recebemos. As lágrimas não derramadas, a raiva não expressada, tudo isso que tivemos que ocultar se esconde não apenas em nós, mas também em nossas mães, avós e bisavós. Aliás, muito mais nelas! Todas elas, com a melhor das intenções, fizeram tudo que podiam para amar seus filhos da melhor maneira possível. Assim como fizeram as mães das nossas mães. E tenho certeza de que – descontando algumas exceções trágicas – quase todas nós fomos verdadeiramente amadas. E sei também que muitas de nós julgamos nossos pais com severidade. Como se ser pai ou mãe fosse a coisa mais fácil do mundo, como se os erros na criação de filhos fossem premeditados. Na verdade, é o contrário: a paternidade e a maternidade são uma busca constante por um caminho em meio a dúvidas, e perder-se é muito fácil, mesmo quando recebemos um ótimo mapa e um equipamento de primeira classe dos nossos próprios pais.

Eu me lembro de uma amiga que me fez confidências sobre a mãe dela. Dos seus relatos surgia a imagem de uma mãe monstruosa, uma mãe que rejeitava a filha, que não cuidava dela, que a criticava, que cortava suas asas e, ainda por cima, que favorecia outro filho. Tudo péssimo, muito triste. Mas, nos encontros seguintes, quando minha amiga já tinha me contado todo o sofrimento que sua mãe lhe infligira, começaram a surgir elementos de outras imagens bem diferentes.

"Este ano, acho que finalmente vou fazer *tortellini*", essa amiga me disse certa vez. "E vou preparar como a minha mãe me ensinou. Eu lembro que, enquanto ela fazia a massa, eu ficava sentada em cima da mesa. Ela me dava um pouco de recheio para que eu terminasse de preparar."

Em outra ocasião, comentei que gostava do vestido que ela estava usando. Fiquei sabendo que ela mesma o fizera. "Sabe, acho que eu nunca contei, mas minha mãe me ensinou a costurar. Certa vez, ela viu que eu estava tentando cortar um pedaço de tecido, que fazia direitinho, e me ensinou tudo em duas semanas. Depois ela vestia o que eu costurava, até quando o corte não ficava muito reto."

Também houve o episódio em que minha amiga ficou indignada quando uma professora acusou seu filho de ter comido a merenda de um colega. "Minha mãe sempre me defendia dos professores injustos, e agora eu vou defender os meus filhos também", disse ela. Por baixo da imagem de uma mãe monstruosa, começou a aparecer outra pessoa. "Talvez a sua mãe não fosse tão horrível assim", comentei, timidamente. "Não. Como assim? Ela foi uma mãe péssima!" Rapidamente, ela voltou à mesma história de sempre. Mas eu sei o que estou dizendo, sei que na casa da minha amiga também acontecia o que o poeta americano Robert Hayden relata no seguinte poema:

ESSES DOMINGOS DE INVERNO

Aos domingos meu pai também acordava cedo
e vestia sua roupa no frio congelante;
depois, com as mãos rachadas pelo clima
do trabalho semanal que ainda doíam,
acendia o fogo. Ninguém jamais agradeceu a ele.

Eu acordava e escutava como o frio se estilhaçava, se quebrava.
Quando os quartos estavam quentes, ele me chamava
e lentamente eu acordava e me vestia,
temendo a ira habitual desta casa,
falando com indiferença
com quem expulsara o frio
e também lustrara meus bons sapatos.
O que eu sabia, o que eu sabia
sobre os ofícios austeros e solitários do amor?

É um poema que me comove. Eu também tive que amadurecer e virar mãe para entender plenamente quanto amor recebera na minha vida, quantos favores me ofereceram – tanto os amargos e duros quanto os de bom coração, amistosos. É claro que existiram altos e baixos no caminho! Eu duvido que, em toda a história da humanidade, tenha nascido alguém que nunca tenha se sentido rejeitado, cujos pais nunca desviaram o olhar, que nunca tenha pensado que deveria ocultar do resto do mundo quem era de verdade.

Sei também que existem casos de um amor tão dilacerado, tão cheio de buracos, que a maior aspiração da criança – em sua versão mais madura – só pode ser perdoar. Mas o perdão nem sempre é possível. No entanto, sendo possível, eu acho que vale a pena perdoar nossos pais por todos os aspectos em que eles falharam conosco. E, depois, tentar ir um pouco mais longe e chegar a sentir gratidão pelo que nos deram. Para que toda a bondade que experimentamos – por menor que tenha sido – não seja jogada fora.

Acredito que olhos perspicazes e um coração aberto são capazes de encontrar essa bondade. E gostaria que o meu filho – que hoje tem 17 anos –, no futuro, quando for adulto, não se lembre apenas das coisas em que não acertei, mas também do amor que recebeu de mim.

E quanto a tudo isso que nossos pais não souberam nos dar, ainda que estivéssemos famintas? Acho que é nesse ponto que nosso trabalho começa: o trabalho de uma pessoa adulta, de uma mulher adulta, que diz: "Meus pais me amaram. Agora quero revisitar os lugares em que esse amor não deu certo, onde apareceram percalços, ou onde não havia nenhum, mas eu tinha a sensação de vê-los. Quero revisitá-los e curar esses lugares dentro de mim, quero vê-los e repará-los, costurar com um fio dourado, da mesma forma que, segundo a arte japonesa do *kintsugi*, devemos consertar uma louça quebrada. Graças ao que recebi, tenho forças para chegar a esse ponto."

Neste caminho, nesta empreitada, seremos auxiliadas pela Terna Companheira. Ela é uma mãe que se sente plenamente amada e por isso também pode oferecer um amor pleno. A Terna Companheira nos leva a esses lugares que escondemos bem lá no fundo. E nos diz: "Agora você pode vir aqui. Olhe: aqui está sua tristeza, eu quero que você a sinta. Aqui está seu medo, toque nele. Isso também é você."

Segunda missão: procurar a alma sagrada

A segunda missão da Terna Companheira é nos mostrar o mundo como um lugar repleto de mistérios que, em sua essência, está do nosso lado. Se utilizarmos a linguagem da religião, seria algo próximo à crença em Deus. A Terna Companheira, no entanto, mudou profundamente a minha percepção do que é – ou de quem é – Deus.

Meu primeiro Deus era um Deus patriarcal – e como não

seria se, na época em que eu nasci, as mulheres ainda não tinham direito a voto na Suíça? O Deus patriarcal, sobre quem os padres faziam sermões no púlpito, me observava com a mesma severidade que a do Criador, no afresco de Michelangelo na Capela Sistina: um rosto tenso, sério, com a testa franzida. Sem dúvida, Deus não gostava do que via. Ele esticava a mão em um gesto que não poderíamos interpretar de outra forma que não um "fora daqui!". Sem brincadeira.

Meu segundo Deus tinha outro rosto. Foi quando meu confessor me deu Simone Weil e Bonhoeffer para ler: era mais afável, aberto à conversa, mas, ainda assim, sem a menor dúvida, era o Deus da energia masculina, do "isso ou aquilo", do pecado, da culpa e da absolvição.

Meu caminho em direção ao que chamo de "poliamor espiritual" surgiu graças à insistência da Terna Companheira. Ela foi espalhando pelo meu caminho sinais que me convenceram de que o mundo é composto por forças tanto sombrias quanto luminosas, mas que seu núcleo é feito de luz.

A Terna Companheira me diz que fomos enganadas – sobretudo nós, mulheres – pelos mandamentos duros e frios que nos chegam dos púlpitos. O que realmente importa são as pequenas coisas: o roçar da grama nas bochechas, a conversa com uma amiga sobre a cor das nuvens. Hoje sinto com muita clareza que Deus é a energia difusa da luz que nos atravessa. Que não para na superfície da pele, mas nos penetra profundamente e flui em nós com mais liberdade quanto mais tentamos nos amar.

As cidades que habitamos estão repletas de monumentos a reis e generais: é um mundo duro, de vitórias e sacrifícios. E algo me diz que a vida real está em outro lugar, está na vida cotidiana, nas pequenas coisas, no facho de luz que ilumina a porta do armário do quarto pela manhã.

Quando escrevo estas palavras, meu hemisfério esquerdo fica louco, mas continuo escrevendo, como se caminhasse contra o vento. A luz? No fundo do meu cérebro, escuto uma voz irônica, crítica: "Jura? Vai ficar falando bobagens sobre fachos de luz? O que é isso, a redação de uma menina de 12 anos?"

Não consegui fazer um acerto de contas definitivo com essa voz, a voz do crítico frio, hiper-racional, irmão da Rainha da Neve. Mesmo assim, eu o contrario e continuo escrevendo porque minha Terna Companheira diz: "Escreva." Nesses momentos sinto que você, que está lendo, está perto de mim.

Vivemos em um mundo hiper-racional. Pelo menos aparentemente, porque todo mundo, no final das contas, age motivado pelas emoções – muitas vezes inconscientes. O hemisfério esquerdo do nosso cérebro é mais bem avaliado do que o direito: o racional parece melhor que o emocional. Isso é resultado da primazia da energia masculina que domina o mundo ocidental, segundo a qual o conhecido prevalece sobre o desconhecido, e o melhor caminho para o conhecimento é oferecido pela ciência. Só tem importância o que pode ser demonstrado, o que cabe nas categorias de causa e efeito. Nossa mente busca explicações lineares: existe uma causa e um efeito. Chove: seu cabelo fica molhado. Uma xícara caiu da mesa, por isso quebrou. Você tomou sol, por isso ficou com sardas. Não estudou: foi reprovada. Esqueceu o celular em casa, por isso não atendeu a ligação. E será que tudo isso é mentira? Não, claro que não. É tudo verdade. Mas será que explica tudo?

Aposto que você já ouviu, mais de uma vez, do seu parceiro ou parceira, de uma amiga, da sua chefe, um "eu não te entendo" dito em um tom frio. Essa frase termina com um ponto final que não tem intenção de se transformar em interrogação. Um "eu não te entendo" é como uma porta fechada na nossa cara: não te entendo nem quero entender; pois o que você diz, o que faz, é estranho e não é como eu gostaria, então olho para o outro lado. Eu tenho a sensação de que os hiper-realistas, que medem a realidade com uma régua de bordas afiadas, dirigem as mesmas palavras ao mundo quando ele não quer se submeter às suas medidas. Eles medem tudo o que podem medir, e rejeitam tudo o que está fora de seu alcance.

Eu me lembro de um debate em um comitê em que tive uma discordância com um senhor. Ele lançou contra mim uma resposta muito comum: "O que a senhora está dizendo não é racional!" Ao que lhe respondi: "O que o senhor está dizendo não é intuitivo!" Fiquei feliz com a frase que saiu da minha boca (sou uma dessas pessoas que só veem o que pensam quando transformam seus pensamentos em palavras, o que me traz sérios problemas). Por que a ordem racional costuma ser considerada uma ordem superior? Por que o que somos capazes de abarcar com a mente – ou, para ser mais precisa, com o hemisfério esquerdo – é mais merecedor da nossa atenção do que o que permanece oculto? É como se as pessoas "racionais" exigissem do mundo: "Eu não te entendo, me fale de maneira que eu possa entender no meu idioma, caso contrário não vou te escutar."

O momento mais intenso da minha vida foi quando vi meu filho pela primeira vez. A mulher do centro de adoção entrou na sala onde estava o berço, o colocou em um carrinho e o levou à sala onde o esperávamos. Quando olhei pela primeira vez nos olhos dele, aconteceu algo que eu nunca tinha experimentado nem antes nem depois: foi como se o tempo tivesse parado e um espaço com propriedades completamente diferentes tivesse sido aberto para mim. Nós nos fundimos nesse olhar: eu e o meu filho. Meu marido, que viu tudo, depois me contou que meu rosto parecia ter se transformado em um sol. Não sei quanto tempo durou. Acho que passado um minuto, dez segundos ou meia hora, comecei a escutar alguns sons de fundo, uma risadinha e umas palavras – "Parece que agora ela não consegue escutar nada" – ditas por alguém com uma voz divertida mas carinhosa, por alguém que me fizera alguma pergunta.

Se, naquela sala, entrasse alguém que só acreditasse no que é mensurável, em um mundo de hipóteses falsificáveis, em um mundo dominado por uma linguagem fria, na qual ser irracional é uma acusação, que palavras teria encontrado para definir aquela situação? Que porcentagem daquela cena conseguiria descrever? Que força aplicaria com sua bota para tentar encaixar o que estava acontecendo comigo na caixa estreita de sua linguagem? Que nome daria a isso? Dissociação? Descarga de adrenalina?

Eu sei que você também já viveu um momento assim.

Os significados ocultos descritos por Véronique (ou talvez Weronika) no filme de Kieślowski brincam conosco: "Tudo se abre e se fecha ao mesmo tempo." Mas algumas pessoas nunca terão a sorte de experimentar essas aberturas, essas fendas.

Zadie Smith, uma das minhas romancistas preferidas, disse que costumamos falar muito sobre escritores bons e ruins, mas que ninguém diz que essa mesma classificação poderia ser aplicada aos leitores: alguns leem muito bem e outros não têm inclinação para a leitura. Alguns de nós (isso entre os que, em geral, leem), de certa forma, não sabem ler bem. E digo mais: a mesma pessoa (e afirmo por experiência própria) às vezes pode ser uma boa leitora e, outras vezes, ser bem medíocre, desinformada, superficial, cínica. Será que não acontece a mesma coisa na arte de ler sinais e significados? Às vezes estamos abertas a recebê-los; às vezes, não.

Quando nos abrimos, surge a sincronicidade. A sincronicidade não pode ser explicada em categorias de causa e efeito: os acontecimentos sincrônicos dizem que nossa realidade está impregnada de coincidências misteriosas e de significados que não podem ser explicados segundo categorias lineares. "Não acredito! Eu estava pensando em você agora mesmo!", diz uma amiga ao atender seu telefonema. "Eu ia dizer a mesma coisa", você diz ao seu parceiro ou parceira. A sincronicidade permite que os significados ocultos se infiltrem em nossa cotidianidade por alguns instantes.

Comigo, por exemplo, aconteceu o seguinte: eu estava sentada no meu quarto e, em vez de me concentrar e trabalhar para preparar um curso, comecei a pensar no meu cabelo. Não me diga que você nunca viveu esse dilema: cortar ou deixar crescer? Com ou sem franja? Talvez eu ficasse melhor com um loiro quase branco porque meu cabelo estava amarelo demais. Nos ensinaram desde cedo que esse tipo de reflexão é irrelevante, trivial, e nem de longe pode ser comparado ao caráter transcendental de um pênalti não marcado em um jogo decisivo da Primeira Divisão, mas eu me nego a seguir esse paradigma. Ninguém vai me convencer de que a discussão sobre um arranhão em um para-lama é mais importante do que dúvidas sobre o design de unhas de gel.

Então eu estava mergulhada nos meus pensamentos, acompanhando-os com fotos que apareciam na internet quando eu digitava "loiro quase branco" e clicava em "imagens". De repente, fui invadida por outra ideia. Uma ideia bem estranha: "Meu cabelo quer crescer." Fiquei surpresa. "Você quer crescer?", perguntei ao meu cabelo, mas ele se manteve firme, em silêncio. Porém, após vários anos de cabelo curto, eu senti que não poderia ignorar essa mensagem porque, como disse a protagonista de *Fleabag*, que é uma série extraordinária, "o cabelo é tudo". Nós duas (você e eu), liberadas do mundo do "isso ou aquilo", sabemos que ela estava fazendo uma brincadeira e, ao mesmo tempo, falando sério – e que nós concordamos e não concordamos com ela. O meu cabelo queria crescer. Minha nossa! Então, o que eu deveria fazer? Deixar crescer? Eu senti que essa pergunta crescia dentro de mim, que se inflava. De tanto pensar, minha cabeça acabaria explodindo. Senti que deveria fazer o que sempre faço nessas situações: contar ao meu marido, que sempre acolhe minhas dúvidas existenciais e faz com que eu me sinta melhor. Ele estava no quarto ao lado, teclando algo, vendo o noticiário.

– Desligue a televisão – pedi. – Preciso lhe dizer uma coisa muito importante.

E me sentei na frente dele, respirando fundo.

– Sabe o que acabei de sentir? – perguntei, emocionada.

– Sei – respondeu meu marido, com calma.

– Não acredito! – gritei, com uma voz quase vitoriosa, como quem está prestes a contar uma fofoca inesperada e deliciosa aos amigos.

– Sei – repetiu meu marido. – O seu cabelo quer crescer.

Tínhamos falado antes sobre o meu cabelo? Não nas últimas semanas. Eu andava falando sobre isso sozinha em voz alta? Não daquela vez. Meu marido sabia que o meu cabelo queria crescer simplesmente porque estamos conectados com fios invisíveis. O mundo está cheio de mistérios que estão fora do alcance dos hiper-realistas, dos cientificamente rígidos, dos quadrados, dos obcecados por causa e efeito. Quando as observamos de outra perspectiva (de perto ou, talvez, muito de longe), as coisas que aparentemente não guardam nenhuma relação começam a formar um padrão de conexões.

Olga Tokarczuk, muitos anos antes de ganhar o Nobel, escreveu o seguinte em um ensaio para a revista semanal *Tygodnik Powszechny*: "Para mim, os acontecimentos sincrônicos demonstram que a realidade está repleta de sentidos e significados que existem independentemente da nossa percepção. Pensar que o sentido só pode ser atribuído a um ser humano me parece agora uma demonstração de vaidade. O mundo contém significados. Ele nos envia sinais. As coisas que acontecem ao mesmo tempo e no mesmo espaço possuem fortes vínculos psicológicos. Os sinais de fora correspondem aos de dentro. A diferença entre o de fora e o de dentro é uma mera aparência. O mundo que percebemos é, até certo ponto, a extensão do nosso mundo interior. Se alguém me perguntasse qual é, na minha opinião, a prova mais evidente da existência de Deus, eu diria que é precisamente a sincronicidade."

Meu terceiro Deus trocou de gênero, mas deve ter sido porque os dois anteriores eram masculinos, então fiz isso mais como uma espécie de busca de equilíbrio do que como uma questão de gênero. Em última instância, penso em Deus como se fosse uma Alma Sagrada. São as palavras que encontrei em mim, embora não acredite que seja a última descoberta na minha caminhada espiritual. A Alma Sagrada é bem diferente das personificações anteriores do meu Deus. Primeiro, ela é dispersa como a luz, o ar ou o vento. Não está em um lugar só, está em todos. Não precisa da ajuda de um punhado de intermediários selecionados: fala pela boca de todos os seres humanos. Fala através das árvores, dos espinhos, uma Deusa das Pequenas Coisas. Eu imagino que ela está por perto e me observa, como alguém deitado na grama observando uma fileira de formigas. Está também em mim, como bem me lembra minha Terna Companheira, que seria sua clériga – com a diferença de que, no mundo da Alma Sagrada, não existe hierarquia. Além disso, tenho a sensação de que a Alma Sagrada precisa de mim, que não apenas eu preciso dela. Sinto que me procura, que ela não fica indiferente a mim, quer eu caminhe na direção dela ou na direção contrária. E é insistente nessa busca, o que me comove e amolece todas as minhas resistências.

Eu vislumbrei um rastro desse vínculo, muitos anos antes de encontrar a Alma Sagrada, em um poema de Rilke:

> *O que você fará, ó Deus, quando eu morrer?*
> *Sou seu cântaro (e se eu me quebrar?).*
> *Sou sua bebida (e se eu me corromper?).*
> *Sou seu ornamento e seu ofício.*
> *Você perde comigo o seu sentido.*
> *(...)*
> *Seu grande manto se desprenderá de você.*
> *O seu olhar, que recebo quente*
> *nas minhas bochechas, como um travesseiro,*
> *ficará procurando por mim por um bom tempo,*
> *e na hora do ocaso se abandonará*
> *no regaço de pedras desconhecidas.*
> *E você, ó Deus, o que fará? Eu tenho medo.*

Rilke, ou pelo menos o eu lírico de seu poema, soube encontrar esse tipo de olhar não indiferente em Deus sem precisar trocar o nome dele. Eu não soube fazer isso. Para mim, Deus tinha uma barba comprida demais em todos os quadros. Seus mandamentos eram rigorosos demais e neles havia pouco espaço para essa parte de mim que é carinhosa, cotidiana e nada solene: havia pouquíssimo espaço para mim.

As questões espirituais me parecem absolutamente práticas. O fator mais decisivo é se – e até que ponto –, para mim, encontrar na vida o que chamam de felicidade depende da imagem de Deus/Alma Sagrada que carrego no meu coração. Como o universo me trata? Ele não é bondoso comigo? Ou – o que parece ainda pior – será que sou indiferente a ele? Ou você é importante e valiosa para o universo? Existe uma força espiritual, uma energia divina (chame como quiser) profundamente bondosa conosco, que nos estende a mão como o menino do meu sonho, que deseja o nosso bem? Segundo a minha experiência, a resposta a essa pergunta vai mudando, não é definitiva, a balança oscila.

A história da nossa vida será determinada por essa tese, a mais original de todas. Infelizmente, quando precisamos escolher entre o que é bom para nós e o que confirma nossas crenças básicas, costumamos escolher este último – o que é conhecido. Diversas correntes da psicologia abordam isso de formas diferentes: a psicologia cognitiva, que investiga os mecanismos da nossa mente, afirma, por exemplo, que sua motivação mais forte é concordar consigo mesma. Não a busca da verdade, não uma análise aprofundada, mas a confirmação do que já sabemos. Esse mecanismo econômico, que nos defende de um esgotamento total, aproveita as gavetas com etiquetas que já existem na nossa cabeça. Afinal, se tivéssemos que reformular a opinião sobre os nossos amigos sempre que os encontrássemos, se toda vez tivéssemos que descobrir onde comprar cenouras ou como ligar o computador, nossas maquinações cerebrais acabariam soltando faíscas (e, mesmo com essa ajuda, as coitadas muitas vezes ficam a ponto de explodir). Nós acreditamos no que acreditamos e sabemos o que sabemos, e, quando se trata de uma cenoura ou de um computador, esse mecanismo nos beneficia. Porém, quando o extrapolamos e aplicamos à reflexão sobre nosso lugar no mundo e à questão de sermos ou não importantes para alguém (sobretudo se acreditamos que essa resposta é negativa), as coisas começam a ficar complicadas. Muito antes do surgimento dos psicólogos cognitivos, Freud afirmava que as duas motivações principais da vida humana são o prazer e a compulsão por repetição. O princípio do prazer, já conhecemos. Pegue um pão quentinho, coloque-o a uns centímetros do seu nariz e você entenderá do que se trata. Mas o segundo princípio... Para mim, a compulsão por repetição é um dos mecanismos mais cruéis e injustos que regem o mundo. Pense em uma criança que sempre apanha cruelmente do pai. Essa grande desgraça recai sobre uma criança pequena e inocente. Poderíamos nutrir a esperança de que o destino compense esses danos, de que um dia chegue o momento de essa criança encontrar a paz e o amor. Porém, o mais provável é que esse menino, guiado pela compulsão por repetição, faça o mesmo com o próprio filho; não porque seja uma pessoa ruim, mas porque faz o que conhece em vez de fazer o que é bom. Dessa maneira, brincamos de pega-pega geracional: infligimos feridas que nossas mães nos infligiram, reproduzimos a dor porque a conhecemos. A compulsão por repetição acaba ganhando do princípio do prazer.

E não temos nenhum curativo para colocar sobre essas feridas. Nenhum analgésico, nenhum vinho tinto no final do dia, nenhuma meditação forçada, nenhum IMC inferior a 20 ou microdermoabrasão com pontas de diamante. Não, e ponto-final. "Você não vai sobreviver assim", como meu corpo me disse.

Mas o que acontece se acreditamos que a Alma Sagrada, Deus ou o Santo Tecido do Mundo são energias reais que apontam para mim e também para você? Que estão a nosso favor? Nesse caso, pode se produzir em nós uma transformação profunda. E quem pode guiar você em direção a essa transformação é a Terna Companheira, mesmo se o destino não foi generoso contigo. Ela lhe traz o seguinte recado: "Você é fundamentalmente boa. Alguém está olhando para você com amor."

Quando me observo através dos olhos da Terna Companheira, me enxergo de maneira diferente de como sou vista pelo Olho Crítico, com esse olhar cheio de medo que faz a Submissa, a Rainha da Neve e a Sofredora entrarem em ação. Quando Ela me olha, enxerga uma mulher sábia, que passou por muita coisa, que cometeu erros e tentou remediá-los. Enxerga alguém que tenta viver uma vida boa, que reuniu forças, que tenta aproveitar as dificuldades para abrir seu coração, não para fechá-lo. "Seja amável porque todas as pessoas com quem você cruza na vida estão travando uma batalha árdua", disse um sábio, embora a internet não consiga entrar em acordo sobre quem é o autor dessa frase. Todos estamos lutando, eu também. A Terna Companheira e a Alma Sagrada à qual ela me conduz nos observam com um olhar suave, mas não indulgente, como olhamos uma pessoa querida.

O criador da corrente de yoga que eu sigo, B.K.S. Iyengar, um guru hindu que teve doze irmãos, ficava doente com tanta frequência quando criança que todos imaginavam que morreria cedo. Porém, chegou a viver 95 anos. Parece que poderia ter vivido até mais se não tivesse demorado tanto para chegar ao hospital. Eu tive a oportunidade de visitar estúdios de yoga em várias cidades (já que grande parte do meu trabalho consiste em dar cursos presenciais de formação) e ver muitos retratos de Iyengar pendurados nas paredes. Em todos os lugares, seus olhos perspicazes me observavam através da mesma fotografia, que é muito popular e um exemplo dessas imagens nas quais a pessoa retratada nos acompanha com o olhar. A foto era a mesma, Iyengar era o mesmo, e eu também, mas ele me olhava de formas diferentes. Às vezes com mais severidade (*"I can see your bullshit"*, pronunciado com forte sotaque hindu – algo como "Estou vendo você tentando me enrolar"). Outras vezes, esses mesmos olhos pareciam mais suaves e amáveis.

Eu tenho a sensação de que esse homem sabe tudo sobre mim (especialmente desde que faleceu). Ele enxerga meus erros, minhas ambições, minha resignação quando não consigo fazer uma parada de mãos, minha inveja da beleza da mulher que está no tapetinho ao lado do meu, minha inquietação durante uma hiperextensão para trás, o tédio que surge em mim na postura da vela, o pensamento de "caramba, será que ainda falta muito?", os momentos de felicidade quando meu corpo se abre a um espaço novo, os momentos de calma e concentração, o encontro com minha própria respiração e, depois, mais uma vez a resignação, o tédio, a inveja, até quando finjo que preciso endireitar o tapetinho só para adiar o momento de fazer uma postura. No início, eu sentia que Iyengar não parava de olhar para mim. E eu ficava conferindo: "Como você está me vendo hoje?" Era como se eu perguntasse: "Quem sou hoje? Sou digna de ser amada?" Mas, certo dia, na postura *paschimottanasana*, elevei o olhar e a Terna Companheira me disse: "Escolha. Você pode escolher como ele olha para você." Nesse dia, o olhar foi severo, mas não virei o rosto. Resolvi buscar, naquele olhar, algo mais, como se eu estivesse sentada em uma mesa de negociação com uma pessoa que, a princípio, adotasse uma postura intransigente e eu me empenhasse em chegar a algum acordo com ela. Ou como se eu ficasse parada na frente de uma dessas estátuas humanas e decidisse esperar o tempo que fosse necessário para que ela olhasse para mim. Eu estava disposta a dar tudo de mim, a utilizar tudo o que acumulara durante anos para transformar minha própria força sensível e interior.

E consegui: os olhos de Iyengar ficaram mais suaves e nos meus apareceram lágrimas cálidas. Tudo isso aconteceu na postura *paschimottanasana*. Felizmente, a cabeça dos outros estava inclinada e eu pude empreender essa viagem sozinha. Ninguém viu minhas lágrimas quando eu percebi que, durante todos aqueles anos, não se tratava do olhar de Iyengar nem de outra pessoa, e sim de como eu mesma me olhava.

"E ainda que eu veja que o céu e a terra se unem em algum ponto, / continua estando longe e eu sinto medo de perder as forças. / E ainda que eu saiba que existem mais provas de que você não existe / vou tentar viver como se você existisse", canta o polonês Mata em sua canção "Żółte flamastry i grube katechetki", que eu sei de cor.

Agora a situação é a seguinte. Um dia nublado de maio. Coloquei no chão do meu Próprio Quarto cinco colagens grandes nas quais, em diferentes momentos da minha vida, fui colando respostas inseguras para a pergunta sobre quem sou. Observo a imagem de uma mulher embalada a vácuo, com um pássaro se aproximando dela; a Boa Moça com o rosto escondido; a Rainha da Neve; imagens carinhosamente coladas que estampam montanhas ficando azuis na penumbra; crianças budistas rindo enquanto correm na minha direção com roupas vermelhas; uma foto de Kora, cantora polonesa, vestida de preto, correndo com uma imagem da Madonna nas mãos, pintada por ela mesma com cores vibrantes; uma fotografia de uma revoada de pássaros sulcando um céu rosado; e uma imagem tirada debaixo d'água de uma mulher subindo à superfície vinda das profundezas cor de aço. Eu me concentro na palavra "*HUNGRY*" (faminta) que coloquei no centro de uma das minhas colagens, nas fotos de mulheres jovens e idosas, nas que choram e nas que sorriem, nas frases "O amor é um trabalho sujo" e "Empurre, você não veio aqui para tirar uma soneca", e finalmente na que diz "O que ajuda". Em segundo plano, duas mãos femininas seguram uma terceira mão com carinho.

Agora eu quero fazer a mesma coisa: segurar sua mão entre as minhas e escrever sobre o que ajuda.

PARTE III

O que ajuda

Quando paramos para refletir sobre a nossa vida, especialmente nos dias mais sombrios, pode parecer que o mundo está contra nós. Enquanto olhamos contas de gás e cartas da Receita Federal, ficamos às voltas com a conexão de internet que vive caindo e discutimos com nosso companheiro ou companheira, é fácil se esquecer de que existem forças que nos amam, cujo potencial podemos aproveitar ao máximo e que, em última instância, moram dentro de nós mesmas.

O que é que nos ajuda? O que podemos fazer para resistir à tentação de nos entregar à tristeza e à fraqueza?

A primeira coisa que se mostra benéfica é estabelecer uma relação autêntica e amorosa com nossa criança interior, antes de ela ser influenciada pela Submissa. A Terna Companheira me apresenta essa criança em duas versões: uma é um bebê, a outra é um pouco mais velha, a quem decido chamar de "Menina Selvagem". O encontro com essas duas personagens de alguma forma reduz e transforma a presença da Submissa dentro de nós.

Quando escrevo "criança interior" no Google, surgem páginas que falam sobre uma criança ferida que vive dentro da gente e que precisa ser curada – como se ela fosse simplesmente uma parte nossa, um coágulo de sangue. Porém eu abordo esse conceito de outra maneira. Considero que nossas estruturas emocionais infantis querem o mesmo que queremos depois de adultas: ser vistas e nutridas sem ser julgadas. Em outras palavras, querem ser amadas. Eu mantenho a firme crença de que, se prestarmos atenção nela, tudo que precisa ser curado em nós será curado, tudo que está fragmentado se reintegrará, tudo que permanece congelado se derreterá em nosso corpo. Em resumo, que o olhar da Terna Companheira pode iniciar esse processo e nos guiar por ele dia após dia.

A bebê interior

Quando penso no que normalmente chamamos de "criança interior", visualizo duas estruturas ou personagens cuja existência sinto dentro de mim. A primeira é frágil, corporal, infantil, arraigada no pré-intelectual.

"Trate o seu corpo como você trataria um bebê", escreveu Elaine N. Aron no livro *Pessoas altamente sensíveis*. "Você descobrirá que essa é uma metáfora tão certeira que poderia nem ser uma metáfora."

Não estou dizendo que o seu caso seja igual. No meu caso, essa conexão parece ser evidente. Das 23 perguntas do teste de alta sensibilidade (com respostas "sim" ou "não"), respondi afirmativamente a 21 delas, com entusiasmo similar a um "claro que sim!".

Eu tenho a sensação de perceber detalhes sutis no meu entorno? Sim! Os sons fortes me perturbam? Claro que sim! Eu me deixo influenciar pelo estado de ânimo das outras pessoas? Todos os dias!

Se você é parecida comigo nesse aspecto, se chora ao ver propagandas na época de Natal, se tem que abaixar o volume dos anúncios comerciais barulhentos que nos tomam de assalto, se no final do dia você só quer um lugar escuro e silencioso onde seu corpo possa extravasar tudo o que foi absorvendo ao longo do dia, é possível que você seja uma pessoa altamente sensível. E isso, segundo o audaz diagnóstico de Aron, significa que você precisa cuidar de um bebê. Um bebê que vive dentro de você. Desculpe. Quando percebi que isso se aplicava ao meu caso, me senti um pouco desanimada. Mas depois comecei a pensar e entendi o que uma amiga comentou certo dia: quando a criança pequena que vive em mim está tranquila, todo o resto também fica em harmonia. Porém, quando essa bebê interior fica triste, cansada, faminta ou se sente abandonada, tudo parece dar errado.

Como já mencionei, uma parte significativa do meu trabalho consiste em dar cursos e oficinas. Eu sempre mergulho de cabeça nesses processos, e não saberia fazer de outra maneira, mesmo se quisesse. Por isso um curso de formação de dois dias pode significar, para mim, um esforço energético considerável. Reconhecendo a obviedade de que meus recursos são limitados, estabeleci o limite de dez dias de cursos por mês, e ponto-final. E tomei essa decisão porque sempre que superava esse número eu ficava triste e furiosa, chorava de cansaço em estações de trem e aeroportos, dava broncas em inocentes recepcionistas de hotéis por bobagens, não tinha forças para conversas que durassem mais de três minutos. Sempre que eu conseguia um breve momento de descanso, corria para o meu quarto e ligava para casa, deitava na cama e passava dez minutos encolhida. Tenho colegas (que são excelentes profissionais) capazes de aguentar vinte dias de cursos de formação mensais. Será que a "criança interior" delas já amadureceu, mas a minha ainda não? Não sei. O que sei com certeza é que, se quiser ser feliz, não posso me descuidar desse ser: minha bebê interior.

Há algum tempo, me sinto atraída pelo conceito de lealdade pessoal, uma fidelidade a mim mesma que se estende a todas as minhas facetas, especialmente às que requerem atenção e cuidado amoroso. A Terna Companheira me sussurra: "Dê uma olhada para conferir como está sua bebê. Pergunte como ela se sente. Descubra o que necessita. Cuide dela com carinho." Comecei a colocar isso em prática – a observar essa estrutura, estabelecer um diálogo com ela. Passei a chamá-la de Animalzinho. "Animalzinho, do que você precisa?", pergunto, e sua resposta é sempre simples e acessível, ela nunca me pede futilidades. Não quer roupas caras nem horas navegando pelas redes sociais, não quer se empanturrar de comida nem procura uma das distrações nas quais sempre me refugio. "Quero descansar", diz ela. "Me cubra com uma manta. Me ofereça um leite quente. Faça uma massagem em mim." Quando sei que vou ter mais trabalho do que o habitual, faço questão de manter contato com a Animalzinho e lhe pergunto: "Como vai? O que faria você se sentir melhor?"

Enquanto escrevo sobre a Animalzinho, sinto o Olho Frio me observando e escuto a Rainha da Neve e a Sofredora perguntando: "Animalzinho? Você não pode estar falando sério… Já pensou no que as pessoas achariam se soubessem?" E escuto uma voz tirando sarro: "Ui, eu tenho um animalzinho dentro de mim. Tenho um bebê dentro de mim!" – assim debocha a Voz Fria. Apesar dessa voz interior, continuo escrevendo porque tanto eu quanto você precisamos ter a coragem de desafiar as normas ("Isso é apropriado? É oportuno?") e também devemos ter a determinação de ser fiéis a nós mesmas e de acolher todas as nossas facetas.

A alternativa é a violência. Dentro de mim, ressoam as palavras da minha professora de yoga: "Você está infligindo dor ao seu próprio corpo. Se isso não é violência, o que é?" E a Terna Companheira, cuja sabedoria se manifesta projetando imagens pungentes diante dos meus olhos, me apresenta mais uma, a de uma mãe que arrasta seu filho pela rua, um menino que mal aprendeu a andar. Ela caminha a um ritmo rápido demais para ele, e o menino chora, mas a mãe segue em frente, sem olhar para trás, e diz, enfurecida: "Para! Cala a boca!" O menino sabe falar e responde, gritando: "Mas eu quero comer! Estou com sede! Quero descansar!" "Anda, rápido!", diz a mãe, que continua caminhando.

Agora pense... Na sua paisagem interior, você já viveu uma cena similar? Na minha sim, sem dúvida, mas ao escrever estas palavras sinto uma grande determinação de nunca mais voltar a fazer isso comigo mesma.

Seguindo a sugestão da Terna Companheira, procuro me manter em contato com a estrutura do meu eu mais jovem, mais infantil e mais frágil. Então a mãe da cena que visualizei se agacha, olha para o menino e pergunta: "Do que você precisa?" No meu cotidiano, descobri que a Animalzinho sempre está disposta a falar comigo.

A dimensão mais prática da fidelidade a essa personagem se traduz na minha atenção aos sinais de cansaço e sobrecarga. Eu faço pausas durante o trabalho e, toda noite, me dou de presente um banho demorado. Construí em mim um sistema de alerta rápido: quando a Animalzinho começa a ficar inquieta, eu lanço a pergunta. Algumas vezes negociamos: "Agora não posso descansar, mas quando acabar vamos sair para dar um passeio." Eu falo assim comigo mesma ou escrevo em um papel.

Da Submissa à Menina Selvagem

A segunda personagem que reconheço em mim tem a forma da Menina Selvagem e aparece quando a Submissa, observada pela Terna Companheira, deixa de ser uma nerd temerosa e obediente e se transforma em ser vivo.

Eu escrevi "Menina Selvagem", coloquei em negrito e, imediatamente, comecei a mudar as cores dessas palavras. Vermelho-escuro. Não, violeta! E por que a palavra inteira precisa ser da mesma cor? Verde e vermelho-escuro? Laranja e grená? Por que não cortar essa palavra ao meio e escrever uma parte em itálico? A Menina Selvagem quer brincar e quer que eu escreva sobre ela. Ela acha isso engraçado.

"Menina, o que você quer?", pergunto, mesmo que, no fundo, trate-se de uma mera formalidade: eu sei o que ela quer. E escrevo, sorrindo. Eu a reconheço e ela me reconhece. Estamos perto uma da outra. E é isto o que ela diz:

Quero olhar de perto

> *Raindrops on roses and whiskers on kittens*
> *Bright copper kettles and warm woolen mittens*

Brown paper packages tied up with string
*These are a few of my favorite things.**

Era isso que Julie Andrews cantava na música "My Favorite Things", do filme *A noviça rebelde*. O mundo da Menina Selvagem é um mundo visto bem de perto, como se do ponto de vista de uma criança deitada na grama: seu coração explode de felicidade ao ver uma margarida cujas pétalas são rosadas por fora e brancas por dentro. A menina fica um bom tempo olhando para a margarida, cheira a flor, que colhe e guarda em um livro. E se perde em pensamentos olhando para as nuvens, vê uma revoada de pássaros no céu enquanto espera a chegada de um ônibus, entre pessoas que estão clicando nas telas de smartphones como se a vida delas dependesse disso.

Hoje, quando acordei de manhã, o sol atravessava minhas cortinas roxo-escuras. Através da janela, dançavam sombras das folhas da trepadeira que a emoldura, e em segundo plano eu via os galhos da árvore mais distante. A minha Menina ficou um bom tempo apreciando tudo isso.

A Menina, vista pelo Olho Frio, é ridícula. Só se ocupa com bobagens. Deveria estar presa para não perturbar os adultos, sérios e responsáveis, que debatem sobre questões como a crescente recessão e escrevem relatórios. Os adultos, com RG, CPF e suas senhas, não têm tempo para suas bobagens infantis.

Eu me lembro muito bem do dia em que nasceu meu programa Meu Próprio Quarto, de oficinas para mulheres. Eu estava dando um curso de formação em uma multinacional, em

---

* Gotas de chuva em rosas e bigodes de gatinhos / Chaleiras de cobre brilhante e quentes luvas de lã / Embalagens de papel pardo presas com laços / Essas são algumas das minhas coisas preferidas.

HUNGRY

um prédio comercial enorme de onde só víamos outro edifício cinza. Tudo era quadrado, de concreto, segmentado: a recepção, a catraca de acesso, a identificação, a luz fria do elevador (que me fazia parecer quinze anos mais velha), a porta da empresa em um dos andares superiores (na qual tínhamos que passar de novo o cartão de identificação). Quando alguém queria ir ao banheiro, que estava no corredor, tinha que fazer tudo isso de novo. Tudo era estéril, monocromático, sem vida. Minutos antes do início do curso, uma participante entrou na sala. Mesmo com uma maquiagem impecável, era visível que estava cansada. Ela se sentou com ímpeto, com muita pressa, como se estivesse acostumada a viver dando 200% de si, como se sua Rainha da Neve, junto com a Submissa, tivesse dominado toda a sua paisagem interior. Porém, mal se sentou, ela se levantou com o mesmo ímpeto. No seu rosto, surgiu um semblante de tristeza, como se fosse uma garotinha. "Não, eu não vou aguentar", disse ela, embora não tivéssemos trocado nenhuma palavra além de um bom-dia. "Preciso pelo menos me sentar na frente da janela, porque senão vou acabar ficando louca." Eu vi uma menina quase morta de fome, sendo arrastada por uma mãe furiosa que só enxerga uma maneira de sobreviver: participando de uma corrida organizada por outras pessoas. "Me deixe, ao menos, sentar perto da janela", suplicou a menina. "Você e suas inquietações", disse a Rainha entre dentes, e a mulher ficou observando o pequeno retângulo de céu que era possível enxergar, bem no ponto em que o edifício em frente acabava.

Naquela mesma tarde, encontrei outra mulher, com quem tinha marcado de montar uma oficina para uma ONG. Eu me sentei à sua frente. "Vejo que está cansada", ela me disse, e percebi que ela enxergava em mim o mesmo que eu enxergara na outra mulher. Estamos todas cansadas. Todas entramos nesses espaços quadrados, digitamos códigos de acesso, apertamos botões em elevadores, passamos cartões de identificação nos leitores. Vivemos apertadas em escritórios, escolas e edifícios comerciais, ficamos olhando para telas de computadores e celulares, respiramos gases de canos de descarga em estacionamentos. Meu Deus, como estamos cansadas! "Eu não acredito que vamos passar pela vida como se vivêssemos um sonho enlouquecido, com roupas mal-ajambradas e incômodas, que faz as mulheres se distanciarem dos ciclos espirituais naturais para depois sofrerem por conta do cansaço extremo e da saudade do lar", escreveu Clarissa Pinkola Estés no livro *Mulheres que correm com os lobos*. E eu sei que ela escreveu sobre nós, sobre mim e sobre você.

"Marta", foi o que eu disse à minha interlocutora aquela tarde. "Vamos montar uma oficina só para mulheres. Em um lugar fora da cidade, onde seja possível ver o céu estrelado."

Assim nasceu o programa Meu Próprio Quarto.

Nossas Meninas passam fome quando as trancamos no mundo macro; no mundo da disciplina, da rivalidade, da hierarquia; no mundo dos currículos, das ideias e das apresentações em PowerPoint; quando passamos correndo pelas estações do ano e não sabemos se os lírios estão florescendo ou perdendo as flores. A Menina Selvagem quer ver tudo de perto, recarregar suas forças com a energia yin. A Menina Selvagem quer tocar o corpo da vida. "Me leve ao bosque. Pare ao lado de uma árvore, toque sua casca, observe suas formas. Não corra tanto no supermercado, pare na frente da prateleira de guardanapos, escolha os avermelhados, ou talvez não, olha, este verde parece musgo, leve os de cor musgo." O Deus da Menina Selvagem é o Deus das Pequenas Coisas. A Menina Selvagem quer tecer a sua vida, não participar de uma corrida com a qual não se importa. A Menina Selvagem vive através dos sentidos: entra em um armarinho, toca nos rolos de fita de poliéster e, ao vê-los, quase grita de alegria. Quando passa por baixo de uma árvore, tenta fazer as folhas roçarem no seu rosto, passa a mão por cima de um feixe de sol em um muro, cheira um pão, os morangos, os livros que compra, toca com muito cuidado a moldura de um quadro em um museu, fala com as plantas, sussurra o nome delas para sentir o sabor na boca. "Aspérula." "Fumária." "Evônimo." Como Anne do livro *Anne de Green Gables*, sonha com um vestido de mangas bufantes. Como Kathleen Kelly de *Mensagem para você*, interpretada por Meg Ryan, leva um vaso repleto de margaridas brancas para o quarto para poder admirá-las. Como Amélie, desfruta do momento de quebrar o *crème brûlée* com a colher. Ela se desfaz do sofá sério e pesado da sala e, no lugar dele, pendura um balanço. Seu estado natural, quando está saciada e nutrida, é o de admiração.

O que você sente ao ler esse parágrafo? Existe algo – ou alguém – que se mexe dentro de você?

Quero brincar e construir algo meu

Quando penso na coisa mais distante da Menina Selvagem, me vêm à mente os projetos e a busca constante de um objetivo. Ela não quer ficar riscando itens do checklist do dia; ela quer brincar. Segundo Woodman, isso é parte do elemento feminino. Como ela diz, a energia feminina "encontra o que tem um significado para ela e brinca. Pode trabalhar duro, mas tem a mesma atitude perante o trabalho e a brincadeira, porque o feminino ama a vida". Quando a Menina Selvagem está saciada, ela enxerga o mundo ao seu redor como um convite à brincadeira: começa a dançar quando um violonista, na rua, toca sua música preferida. Como Björk, no filme *Dançando no escuro*, escuta música no ruído de um trem e no tilintar de chaves, e é simpática no meio de uma reunião séria. Cria. Às vezes ninguém, nem ela mesma, chama isso de criação. Ela sempre faz a sopa de maneira diferente, brinca com as sombras no fundo dos olhos, combina as roupas em conjuntos estranhos ou trava debates sérios com uma amiga sobre cores de cabelo.

Um dia, fiquei observando a parede branca em cima da pia do meu banheiro minimalista: azulejos cinzentos, bancada de concreto, banheira e pia brancas, e um espelho incrustado em uma moldura de madeira que antes pertencera a uma antiga janela rural. Olhei para a parede e pensei que gostaria de incluir um toque de cor nela. Minha Criança Interior logo levantou as orelhas. "Amaranto? Carmesim? Não, já sei!" E começou a gritar, emocionada com a perspectiva de uma brincadeira extraordinária. "Verde-garrafa? Não! Musgo? Malva? Ou talvez um cinza-azulado?" Acabei cansando minhas amigas com essa história da cor, pois eu ia obsessivamente passando de um catálogo de decoração a outro. No final das contas, fui a uma loja de tintas, me obriguei a respirar fundo e fingir que estava tranquila. Pedi a cartela de cores e um copo de água. Levei post-its para ordenar minha lista de ideias. Após uma hora, saí da loja com uma lata de tinta da cor musse de mirtilo. No dia seguinte, o Sr. Waldek veio e pintou a parede. Quando acabou e foi embora, eu me sentei na poltrona (cinza-antracite com um toque violeta) e comecei a chorar. "Não, não era isso!" Eram onze horas, eu não podia ligar para o Sr. Waldek, mas enviei uma mensagem desesperada. "Não se preocupe, vamos mudar", ele respondeu. E começou minha fase do papel de parede. "Vamos brincar com papel de parede", dizia a Menina Selvagem. Na verdade, eu já estava um pouco cansada dela. Dezenas de horas e centenas de ideias mais tarde, voltei à ideia da tinta (agora roxo-escura), mas, quando fui comprar, meus olhos foram atraídos por um papel de parede cujo rolo uma mulher acabara de deixar em cima de uma cadeira de exposição. Peônias, rosas, botões de flores brancas, flores azul-escuras de ervilhas-de-cheiro, folhas verde-escuras, cor de selva. "Sim!", disse a Menina. "Sim, sim!" Dessa vez, quando o Sr. Waldek foi embora e sentei na minha poltrona, comecei a chorar de novo, em parte porque tinha ficado como deveria ficar, em parte de alívio porque aquela loucura finalmente tinha chegado ao fim.

Enquanto eu enlouquecia com poucos metros quadrados de uma parede do banheiro, meus amigos que trabalham em multinacionais discutiam resultados financeiros do último trimestre e planejavam o orçamento para o ano seguinte. Eu mesma, naquela época, podia ter lido ou escrito algo, podia ter limpado o armário ou organizado as contas, podia ter feito muitas outras coisas úteis. E por que fiz tudo aquilo? Como certamente diria Olho Frio, será que não passou do capricho de uma senhora de classe média do primeiro mundo? Ou foi apenas o que a Rainha da Neve chamaria de um completo desperdício de tempo?

As brincadeiras preferidas dos meninos mais velhos – como os carros e os esportes – são tratadas com grande seriedade. Em um dos anúncios do patrocinador oficial da seleção polonesa de futebol, veiculado antes da Copa do Mundo de 2018 na Rússia (onde os poloneses jogaram muito mal, e eu, como torcedora, achei péssimo), o treinador aparecia em uma rua ensolarada e observava as fachadas e o asfalto sendo pintados de branco e vermelho. De montanhas cobertas até a metade de neve, pendiam lonas gigantescas que faziam a serra ganhar as cores da bandeira polonesa. Na imagem seguinte, o treinador viajava em um helicóptero, e graças a ele conseguia (como se fosse James Bond) envolver um arranha-céu branco com uma fita vermelha. Ele aparecia no helicóptero e fazia sinal de vitória para uma turma de homens que, respondendo a ele, levantavam suas jarras de cerveja, triunfais. Em segundo plano, retumbavam cânticos de vitória. As ruas e praças se enchiam de pessoas vestidas de branco e vermelho. No céu, víamos uma exibição acrobática de aviões que deixavam rastros das mesmas cores. O treinador, que voltava a terra firme, observava o céu com satisfação. No final, como não poderia deixar de ser, todo o globo terrestre terminava enfeitado com as cores nacionais da Polônia. Agora me diga: como poderiam competir com um assunto tão importante a minha escolha de papel de parede, o bordado de flores em uma toalha de mesa, os condimentos para uma sopa ou outras brincadeiras das quais o destino do mundo não depende?

    A brincadeira preferida da minha Menina Selvagem é fazer arranjos de flores. Minha primeira lembrança relacionada a esse tema é a seguinte: o pai da minha mãe, meu querido avô József, passeia comigo em uma avenida, que minha família mais tarde batizou, carinhosamente, de "avenida Natalia". Ele colhe ervilhas-de-cheiro e faz coroas para mim. Depois, durante as tardes, fica observando comigo umas enciclopédias alemãs grandes e velhas onde aparecem gravuras de flores protegidas por papel vegetal. Meu avô me ensina os nomes em polonês. Minhas duas avós amavam flores. A paterna era bióloga e me levou muitas vezes à sua horta nos arredores de Cracóvia. Eu ainda consigo vê-la se agachando sobre uma rosa ou uma tulipa para beijá-las. Ela me dizia que devemos beijar e conversar com as plantas. Ao caminhar pela horta, uma das mãos da minha avó acariciava com cuidado as folhas e as pétalas. Ela regava com água quente uma bacia de plástico cheia de flores de camomila. Quando a água esfriava, mandava que eu submergisse meus cabelos na infusão para que ganhassem um brilho dourado. Meus entes mais queridos sempre me mostraram plantas. Em suas guirlandas, minha mãe usa não apenas ervilhas-de--cheiro, mas também margaridas, trevos, lírios e erva florescida, com o que também faz coroas selvagens.

Eis outra lembrança que tenho: poucos dias antes dos exames finais do ensino médio, estou sozinha em casa quando minha amiga Joasia aparece e diz: "Natalia em estado puro! Casa bagunçada, geladeira vazia e vasos repletos de flores." E outra lembrança, de poucos anos atrás. Eu, meu marido e meu filho estamos na Sicília. Nos hospedamos em um lugar peculiar: um palácio italiano enorme e meio decadente, cercado por um jardim monumental com grandes palmeiras e uma piscina. As flores estão por todo lado: as cultivadas com cuidado em canteiros, mas também as selvagens, que crescem em locais menos explorados daquele terreno de vários hectares.

Não estamos ficando exatamente no palácio. A família proprietária do edifício – que imagino serem aristocratas empobrecidos e obrigados a ganhar um dinheiro extra para salvar seu patrimônio cada vez mais limitado – aluga as casinhas de serviço que ficam atrás de um muro alto que rodeia o palácio. A propriedade é tão majestosa que até as casinhas de serviço parecem apartamentos de luxo. E com um detalhe magnífico: como estamos quase na entrada do palácio, temos direito de frequentar a propriedade e desfrutar dos jardins e da piscina durante duas horas. Será que os donos, nesse meio-tempo, tiram um cochilo e fecham os olhos, pensando com desprezo que uns bárbaros estão pisando em seu gramado tão bem cuidado? É o que eu imagino – essa é a história que minha Menina Selvagem conta para si mesma. E ela adora histórias, é claro.

Certo dia, vamos nadar na piscina e, no caminho de volta, faço algo que exige coragem: colho algumas flores (mesmo sem saber se posso) e misturo as dos canteiros com as selvagens. Quero colocá-las em um vaso no nosso luxuoso apartamento de serviço. Como estou carregando um livro e uma toalha, peço ao meu marido que leve as flores. Quando ele chega em casa, me diz que encontrou a Condessa – que é como chamamos a proprietária, cujos caminhos raramente se cruzam com os nossos. "Que arranjo maravilhoso! Quem fez?", perguntou ela. Meu marido atribuiu a mim a autoria. "Diga à sua esposa que ela tem talento para isso", respondeu a Condessa. "A Condessa falou, entende?", grita a minha Criança, emocionada. "A mesma Condessa que, sem dúvida, tem os cômodos repletos de vasos de rosas, hortênsias, lírios e peônias, elogiou o meu arranjo! Não consigo parar de pensar nisso. Eu tenho um talento. Sei fazer lindos arranjos de flores!"

Em psicologia, chamamos isso de "efeito Pigmalião". Quando alguém enxerga em você um talento, você automaticamente fica ainda mais habilidosa e com vontade de se desenvolver nesse sentido, de fazer mais, com mais esmero, de dar tudo de si. Comigo aconteceu a mesma coisa: desde que a Condessa (na verdade, pensando bem, nem sei se ela era mesmo condessa; poderia ter sido qualquer um) elogiou o meu arranjo, eu encaro esse trabalho com a seriedade que ele exige, e minha Menina Selvagem, apesar de não levar as coisas muito a sério, pula de alegria.

Então comecei a fazer arranjos como louca, em qualquer época do ano. Em pleno inverno, compro cravos na estação central e colho, na triste grama em frente a um hotel, alguns raminhos de folhas verdes. Caminhando por canteiros urbanos, encontro flores que qualquer um classificaria como ervas daninhas. Vou ao mercado de flores com o coração palpitando e, antes de entrar, fixo um limite para mim mesma, um limite que não posso ultrapassar (está me ouvindo, Menina Selvagem?). No final, duplico o limite, mas, quando observo os arranjos de peônias, rosas ou cravos, tudo perde importância. Quando os campos ao redor da minha casa começam a florescer, saio para passear com a desculpa de levar meu cachorro para dar uma volta ou de estar me exercitando. Os lugares por onde passo recebem nomes de flores: vamos "aos lírios", "aos tremoceiros" ou "às camomilas".

Minha brincadeira preferida é montar arranjos. Outras mulheres têm brincadeiras diferentes: cozinham, pintam, fazem bolos e doces, costuram, tecem. Às vezes as transformam em uma profissão, outras vezes não. Na maioria dos casos, não. Quando pergunto à Terna Companheira o que quer nos dizer a esse respeito, ela responde que vale a pena respeitar as brincadeiras da nossa Menina Selvagem e abrir espaço para elas em nossa vida cotidiana. Se deixarmos a Submissa assumir o controle, vamos pedir a todo mundo que perdoe nossas "bobagens", vamos nos menosprezar e nos invalidar antes que os demais o façam. "Não é grande coisa…", escrevem as mulheres que publicam nas redes sociais fotos dos quadros que pintam e dos vestidos que criam e costuram. E isso me machuca.

Eu me lembro de uma mulher sábia e linda que participou da minha oficina e era pintora. Em seu autorretrato em forma de colagem, ela incluiu a seguinte frase: "basicamente / pintora à noite". Esse "pintora à noite" me comoveu muito (e eu o entendi de maneira não literal), pois não se tratava de pintar até altas horas, e sim quase às escondidas, depois de terminar todas as tarefas, quando todo mundo está dormindo e ninguém precisa de mais nada: nesse momento, era possível pintar. E o "basicamente / pintora à noite" eu escutei como se fosse pronunciado por uma voz cheia de superioridade, uma voz masculina: é assim que costumam falar de coisas que não merecem verdadeiro respeito, que são de terceira categoria, que aparecem em uma conversa quando os assuntos sérios se esgotam.

No final das contas, não importa o que os outros pensem sobre as criações da Menina Selvagem. As únicas coisas que importam são o status e o espaço que nós mesmas concedemos a ela. Do que sua Menina sente falta? Do que ela quer brincar? O que ela quer criar? O que ela quer dizer a você?

"Respeito. Respeito. Respeito." A Terna Companheira repete essas palavras como se você não tivesse escutado da primeira vez. "A Menina Selvagem merece respeito. Não apenas por ser parte de você, mas porque, quando você a nutre, está nutrindo a si mesma, e, quando a deixa faminta, está se obrigando a passar fome."

Quero "surpreender"

A Menina Selvagem quer "surpreender". E usa aspas porque já ouviu essa palavra tantas vezes que aprendeu seu significado. Se tirasse as aspas, ela diria: "Eu quero viver do meu jeito, pensar o que penso, fazer o que quero fazer, sem ter que me perguntar se os outros acham estranho."

E me lembro de algo que aconteceu na época do ensino fundamental. O professor de matemática disse que não aplicaria a prova prevista para aquele dia. Nesse momento, deixei escapar um forte "Iabadabadu!" (muito famoso na época por conta do desenho animado *Os Flintstones*). O professor ficou um bom tempo olhando para mim, demonstrando reprovação, mais ou menos como Tom Cruise olha para a jornalista que lhe faz perguntas incômodas no magnífico filme *Magnólia*. Quando a jornalista pergunta o que ele está fazendo, o personagem passa mais um tempo em um silêncio frio e depois responde: "Estou te julgando em silêncio." Eu me lembro da mesma condenação silenciosa no olhar do meu professor de matemática. Ele me julgava porque eu emitira um grito de alegria. Mas o pior aconteceu no dia seguinte: ele não leu meu sobrenome na lista de chamada. "Cholewa, Cholewka, Dębiac, Dębiak." E o meu sobrenome? Tinha desaparecido. O professor não olhava para mim, não respondia às minhas perguntas. No dia seguinte, a mesma coisa. Eu não existia nas aulas de matemática, era invisível. Comecei a imaginar que tinha feito algo horrível ao gritar aquele "Iabadabadu". Tentei falar com o professor como se nada tivesse acontecido, mas ele se empenhava em manter o silêncio, demonstrando grande perseverança naquilo que é conhecido como *tratamento de silêncio* (ou seja, em me deixar no vácuo). Após alguns dias, pedi desculpas, e aí, sim, na aula seguinte, meu nome reapareceu na lista.

Naquela ocasião, eu recebi uma dura e triste lição de que não deveria "surpreender". Se você se deixar levar pela sua alegria, vai ser castigada e tratada como se não existisse. Essa foi a equação que aquele professor de matemática me ensinou. Felizmente, na minha casa, entre meus amigos e outros professores, as reações à minha pessoa eram bem diferentes, e aquela mensagem não deixou rastro. "Iabadabadu!"

Porém, "surpreender" (ou seja, ser eu mesma) envolvia certos custos, e às vezes despertava resistência. A soma das vozes e reações castradoras e invalidadoras acabou criando em mim a estrutura da Submissa – que continua existindo. Ela quer que eu seja bondosa, amável e, acima de tudo, que não me destaque.

"Querida Submissa, você não precisa fazer isso", eu lhe digo. "Sei que quer o melhor para mim, mas, neste momento, não preciso de você. Sou adulta e isso significa que você pode abandonar a submissão e ganhar a liberdade."

"Surpreender" exige prática. No meu caso, o campo de treinamento foi Nova York. Eu estive lá pela primeira vez aos 16 anos, bem zangada porque me obrigaram a viajar "à tal Nova York" bem no momento em que eu tinha me apaixonado pelo meu primeiro namorado e só pensava em ficar perto dele. Completamente absorvida pela imensidão da minha desgraça, eu não prestava muita atenção aos lugares por onde arrastava meu corpo ofendido. Ainda assim, uma semente qualquer deve ter germinado no meu coração, porque, depois de adulta, resolvi voltar a Nova York e ver tudo aquilo sozinha. Até hoje, já fiz isso três vezes, e quero voltar a fazer: vou para lá sozinha e me hospedo na casa de uma amiga que – apesar de ter um apartamento incrível em Manhattan e um papo brilhante – tem a vantagem de ser, para os padrões poloneses, bem pouco hospitaleira. "Aqui estão as chaves, o elevador fica ali, pode pegar o que quiser na geladeira." E pronto. Uma ou duas conversas breves – e eu que me virasse. Ótimo. Eu acordava de manhã, me vestia, saía e voltava à noite. Normalmente, eu tinha um lugar específico para visitar a cada dia, e depois disso caminhava, caminhava e caminhava. Quem já esteve em Nova York sabe. Você começa a caminhar e não consegue parar. Eu implorava a mim mesma: "Pare pelo menos para comer, para comprar um milho cozido em uma barraquinha de esquina, por favor. Você já está caminhando há seis horas." A cada novo dia eu me vestia com menos cuidado. Na segunda noite, inspirada por um senhor que tirou do bolso uma camisa branca para assoar o nariz no metrô, decidi forçar os limites da minha liberdade social. Na manhã seguinte, procurando em vão uma bebida digna de ser chamada de café, entrei em um Starbucks de camisola. Eu tive a sensação de estar fazendo algo muito corajoso: abri a porta de casa, saí na Canal Street, em plena ebulição urbana e... tcharam! O vento agitava os meus cabelos e a minha camisola. Nova York, aí vou eu! Eu me sentia muito solene caminhando até o Starbucks, independente até dizer chega, vestida como queria – você pode reclamar quanto quiser, mas sou uma mulher adulta que não estava com vontade de trocar de roupa – e disposta a repelir qualquer ataque conservador. "Vamos, digam que este traje não é adequado, que eu não deveria sair assim, que não me educaram em casa. Não sei dizer nada disso em inglês, mas, se vocês me disserem, eu vou entender. Vamos, podem criticar, me olhar com desprezo, estou pronta, estou esperando que façam isso!" Entrei no Starbucks, tinha gente, fila, um grande potencial, preparei respostas mordazes naquele idioma estrangeiro. Quando chegou a minha vez, respondi às quinze perguntas sem as quais não é possível comprar aquela coisa que finge ser um café e... nada. Mundo, cadê a sua indignação contra mim? Jura? Nem uma mísera palavra? Só um homem me desejou bom dia, mas sem nenhuma pitada de ironia. Em vez de voltar para casa e vestir uma roupa "de gente normal", caminhei mais alguns quarteirões, desta vez com meu café nas mãos, para ter a certeza de que aquilo estava realmente acontecendo. Eu estava caminhando em Nova York de camisola! Todas as células do meu corpo estavam eufóricas.

Quando "surpreendo", a diferença entre o que faço e o que esperam de mim é um pedaço de mim mesma, minha própria frequência. "Você tem algo mais a acrescentar?" Essa é a pergunta típica de professores, pais, juízes. Quando "surpreendemos", acrescentamos uma parte de nós mesmas.

Quando saí de camisola pela porta de um prédio em Nova York, ninguém prestou atenção em mim. Ninguém se incomodou. Mas eu, supostamente tão inibida, escutava no fundo da minha mente uma voz crítica. Eu esperava um confronto que não aconteceu. Dentro de nós, carregamos vozes com as quais não concordamos e que nos dizem: "Vai vestir isso? Vai dar isso para o seu filho comer? Espero que não esteja pensando em dizer isso em voz alta." A Menina Selvagem não quer saber de escutar essas vozes. E, quando começamos a forçar, de maneira consciente, as fronteiras do permitido – do que permitimos a nós mesmas –, vemos que o mundo não se preocupa tanto com a gente quanto imaginávamos. As pessoas não nos observam com tanta atenção e desaprovação quanto pensávamos. Você se lembra de como a mulher que se sentou ao seu lado no ônibus estava vestida? Você a julgou com seu olhar?

Claro que também existem pessoas que não fazem outra coisa além de tentar corrigir a vida alheia. Eu me lembro da minha professora de matemática do ensino médio que, entre todas as aspirações pedagógicas que poderia escolher, optou por ficar de pé, na porta do colégio, com uma régua na mão, para medir as saias das meninas que parecessem estar curtas demais. Algumas pessoas caminham nessa direção: montam seus púlpitos portáteis em seu ponto de escolha e começam seus discursos moralizantes sem que ninguém tenha pedido. Julgam seu penteado, a roupa do seu filho, a sua maquiagem ou a falta dela, o que você colocou no prato de um restaurante a quilo. Fazem todo o tipo de julgamento que você nunca solicitou. Julgam o seu marido, o seu namorado ou namorada. Julgam até o fato de você estar com alguém. Julgam o nome que você escolheu para a sua filha e o fato de você permitir que uma "completa desconhecida" limpe o seu apartamento. "Quem consegue te entender?", perguntam, sem a menor intenção de que você explique nada.

Eu penso nessa questão da seguinte maneira: nós aceitamos os outros tanto quanto aceitamos a nós mesmos. Se eu me aceito, com todas as minhas facetas, com todos os "moradores" do meu lar interior, não preciso me preocupar com o que os outros comem ou como se vestem. Continuarei tendo minhas opiniões e meus juízos morais, continuarei lutando por certos princípios, mas não vou me meter nos assuntos dos outros sem que eles me peçam conselhos. Continuarei sendo consciente de que cada um de nós tem sua própria luta e carrega, em sua bagagem, algo que não sou capaz de enxergar. Não vou reprovar quem "surpreende" só porque penso de um jeito diferente. Eu talvez não dissesse o que essa pessoa disse, não me sentisse como ela se sentiu, não me vestisse como ela se vestiu – mas não sou modelo de nada. Prefiro crer que todo mundo vive como pode, seguindo o caminho que conhece. No entanto, não vou aplicar essas regras às situações em que alguém prejudica outras pessoas. Em casos assim, não dou meu consentimento, embora isso não me impeça de tentar entender por que um abusador se transformou em abusador.

Pratique a arte de "surpreender". Saia de casa com uma maquiagem estranha ou sem maquiagem. Vá tirar o lixo com uma camiseta do avesso. Calce duas meias diferentes. Em uma reunião, diga algo que se distancie da opinião generalizada. Dance fora da pista de dança.

"Deixe que ela pense no que fazer. Ela sabe inventar!", grita a Menina Selvagem, me repreendendo.

Sendo assim, invente você mesma.

"Surpreender é a sua obrigação moral", diz a Terna Companheira antes de dar uma piscadela para mim.

Quero "me exaltar"

A Menina usa a expressão "exaltar-se" porque vive escutando isso. É como "surpreender". Os outros acham que o verbo combina com ela.

Quando procuro a definição de "exaltar-se" na internet, encontro o seguinte: "Expressão exagerada de sentimentos, desproporcional a sua força, inadequada ao nível emocional da situação; expressão de pensamentos apaixonada ou entusiástica."

Quem criou e quem utilizou essa expressão deve ter se guiado pelas seguintes suposições:

1. Existe um parâmetro para a intensidade permitida na demonstração de sentimentos, o que significa que alguém pode me dizer que estou demonstrando meus sentimentos de maneira "excessiva".
2. Alguém externo a mim sabe qual é a intensidade dos meus sentimentos, ainda que seja eu quem mora no meu corpo. Esse alguém de fora deve saber que a verdadeira intensidade das minhas emoções é menor do que a expressão delas. Se, por exemplo, em uma escala de 1 a 10, você sente um nível 4 ao rever uma velha amiga, tem o direito de expressar um nível 3, mas você se expressou em nível 5.
3. Existe um "nível emocional ideal para cada situação" e a expressão e experiência de sentimentos deve se encaixar em uma norma objetiva. Por exemplo: ver o céu antes de uma tempestade corresponde a um 2, mas sentir as emoções em nível 4 ou 6 é violar essa norma.

O conceito de "surpreender" ou o outro, um pouco mais científico, de "hipersensibilidade" (que, felizmente, é cada vez mais substituído pela ideia mencionada anteriormente de "alta sensibilidade") se baseiam em suposições semelhantes. Existem regras sobre que cor combina com outra, ou seja, "não surpreenda". Existe um nível estabelecido e aceitável de expressão e experiência das emoções, então não ultrapasse a norma. Existe um nível aceitável de sensibilidade, nem pense em ultrapassá-lo.

A Menina Selvagem não entende o que está acontecendo. "Mas eu estou sentindo isso, sim! Eu sinto o que eu sinto, não o que você sente! Estamos olhando as mesmas nuvens? Você também está vendo essas nuvens baixas, arroxeadas, que parecem rinocerontes? Está vendo como elas me movem e como esse tom violeta misturado com cinza é extraordinário, com essa mancha azulada logo embaixo?"

E o mundo responde
É um estado normal da alma
Não é um sintoma de febre
Você precisa ser examinado
Deve ser criado um plano de ação
Para acabar com essas bobagens.

Quem canta isso é Michał Bajor, um cantor polonês, com letra de Wojciech Młynarski. O mundo se incomoda com nosso "excesso" e com nossa "insuficiência". E esse mundo pode ter o rosto da sua mãe, do seu vizinho, da sua chefe, de um colega de quem você não gosta. Fazer um retrato falado, porém, seria muito complicado: a pressão não é exercida por uma pessoa específica, mas pela chamada "sociedade", pela "cultura".

Só que é graças a esse "excesso" e a essa "insuficiência" que somos nós mesmas. Você é diferente de mim, dele, dela. Você é você e, não, ninguém é igual a você. Todos os dias chegamos a uma encruzilhada e temos que decidir: eu devo me encaixar nas expectativas ou escolher ser eu mesma? A primeira saída, de certa forma, significa trair a Menina Selvagem. A segunda, ser leal a ela.

De acordo com a minha experiência – de uma mulher adulta que não abre mão de sua participação no mundo, que aceita certas normas sociais, faz seu trabalho, apresenta suas declarações de imposto renda, ganha dinheiro e paga impostos –, ser leal à Menina Selvagem e abrir espaço para ela são condições básicas para a felicidade.

Quando eu a arrasto comigo, furiosa porque estou atrasada, e ela fica triste com a minha pressa, eu também acabo ficando triste. E sinto que uma das minhas obrigações é abrir espaço para o que algumas pessoas chamam de "exaltação". É meu direito inalienável ficar louca de alegria ao ver as lindas flores que desabrocharam perto da minha casa, pular no pescoço de uma amiga que não vejo há tempos gritando de animação, discutir apaixonadamente sobre as cores de uma blusa, cheirar a grama após a chuva, cair em estado de admiração absoluta ao ver uma xícara linda. Se alguém disser que isso depõe contra a minha seriedade ou (ai, como odeio essa palavra!) contra o meu profissionalismo, paciência. O calor alheio pode despertar raiva em quem leva uma vida fria. A liberdade alheia pode irritar quem leva uma vida limitada. Mas isso não muda a tarefa que eu mesma me imponho.

Encontrei uma das melhores descrições dessa tarefa em uma gravação na qual Meryl Streep, acompanhada por uma orquestra, recita algo que parece ser um poema. É o fragmento de uma carta que Martha Graham, bailarina americana, escreveu para a coreógrafa Agnes de Mille. O fragmento diz o seguinte:

"Há um movimento, uma força vital, uma centelha que ganha existência através de você. E, como só existe uma de você em toda a extensão do Tempo, essa forma de expressão é única. Se você a bloquear, ela jamais surgirá outra vez e se perderá. O mundo será privado dela (...). Seu dever é assumir essa forma de expressão, mantê-la fluindo."

Uma forma de expressão única. Isso significa que apenas uma pessoa no planeta Terra conhece essa expressão de dentro. Só você conhece o lugar onde mora sua criança interior, com toda a sua "surpresa" e "exaltação", sua necessidade de brincadeiras, de criação e de deleite.

A Menina Selvagem nos traz alegria.

Mas eu escrevo isso e sinto que há algo de errado, que eu não disse tudo. Fecho os olhos para conferir e vejo que minha Menina Selvagem está sentada em um canto, triste. "Nem sempre estou bem", ela diz, e eu me espanto por ter me esquecido de mencionar isso no meu discurso em sua homenagem. A Menina Selvagem nos traz alegria, mas às vezes está apenas triste, abatida, assustada; e também vale a pena criar espaço para ela nesses momentos. Às vezes, ela precisa do olhar e da aprovação de um guardião adulto. "Pai, mãe, olha!" Assim gritávamos para os nossos pais, que antes tinham gritado para os pais deles. E assim nos gritam nossos filhos, e assim os filhos deles gritarão para eles. Eu também quero honrar essa voz insegura da minha Menina Selvagem. Quero dizer para ela: "Estou aqui. Estou te vendo."

Irvin D. Yalom, famoso terapeuta americano, acadêmico e professor da Universidade Stanford, autor de diversos best-sellers traduzidos para vários idiomas e criador da psicologia existencial, conta no seu livro *Mamãe e o sentido da vida* que, já adulto, teve o seguinte sonho: "Está anoitecendo. É possível que eu esteja morrendo. A minha cama está rodeada de várias formas sinistras: monitores cardíacos, cilindros de oxigênio, bolsas de soro... os sinais da morte. Eu fecho os olhos e mergulho na escuridão. De repente, salto da cama e saio correndo da sala do hospital direto para o parque Glen Echo, banhado pelo sol, onde eu costumava passar meus domingos de verão muitas décadas antes. Escuto a música vinda do carrossel. Respiro um ar úmido, impregnado pelo cheiro de pipoca doce e maçã do amor. Continuo caminhando e não paro na barraquinha de sorvete nem na montanha-russa, nem na roda-gigante, até chegar à fila para o trem-fantasma. Pago o ingresso e espero o carrinho chegar. Ele para na minha frente com um ruído metálico. Entro, desço a barra de segurança, fico à vontade e, pela última vez, dou uma olhada ao meu redor. Nesse momento, no centro de um grupo não muito grande, eu a vejo. Começo a fazer sinais com as duas mãos e grito bem alto para que todo mundo ouça: 'Mãe! Como eu me saí? Mãe, eu fui bem?' E, enquanto eu levantava a cabeça do travesseiro e tentava acordar completamente, ainda sentia, presas na garganta, as palavras: 'Como eu me saí? Mãe, eu fui bem?'

Um professor de psicologia de certa idade coloca a cabeça no travesseiro e se transforma em um menino que pergunta à sua mãe como ele se saiu. Quando acordar, esse menino continuará dentro dele. Assim como, em cada uma de nós, vive uma menina que confere se seu pai e sua mãe estão olhando, que também pergunta como se saiu. Quando penso nisso, eu pouso a mão na minha barriga e digo: "Estou vendo você. Você se saiu bem, sim. Eu vi."

Escolho a ingenuidade

Isso é o que a Menina Selvagem diz, mas será que é ela mesma quem escolhe? Talvez seja a mulher adulta em mim que resolve escutar a voz dela. Certas pessoas às vezes dizem que fulana é "ingênua como uma criança". Tudo bem, eu aceito, eu vou atrás disso – em parceria com a minha Menina. Enfim, é assim que eu começo: quando vejo uma pessoa pela primeira vez, suponho que ela é simpática; quando ela não é, ainda assim suponho que ela não deve fazer parte do 1% dos psicopatas que existem no mundo, que é alguém que está lidando com suas próprias batalhas. Só mais tarde, se continuo recebendo um muro de frieza, começo a me defender e a contra-atacar. As primeiras duas oportunidades são grátis. Eu prefiro assim, sobretudo porque conheço a força de uma profecia e sei que supor más intenções aumenta a hostilidade. Felizmente, a gentileza também pode ser potencializada quando acreditamos nela.

Da Rainha da Neve à Adulta

O que a Terna Companheira quer dizer à Rainha da Neve? Em que (ou em quem) a Rainha da Neve se transformará se lhe der ouvidos? Primeiro escuto o que a Terna Companheira diz: "Não, você não *tem que*. Você não tem que fazer o que acreditava que precisava fazer." Feita de medo, participando de uma corrida que não é a sua, a Rainha da Neve acredita que, se parar – se não alcançar os objetivos, se não fechar o orçamento, se não realizar o plano –, não terá nenhum valor, ou seja, em termos psicológicos, ela morrerá. Aquela mulher que buscava enxergar um pedacinho de céu na sala de reuniões estava sob o domínio da Rainha da Neve; assim como a outra, a que estava sentada diante de mim na outra sala: perfeitamente vestida, maquiada e engomada, e que, na minha imaginação, chorava sozinha. A Rainha da Neve pressiona a Submissa e não lhe permite parar; ela oprime a si mesma. "Passe pela dor", como dizia um slogan publicitário de uma marca de analgésicos. É exatamente o que a Rainha da Neve quer fazer com o que é interno, com o que lhe opõe resistência, o que é suave, infantil, próprio.

A Rainha da Neve acredita apenas em resultados e êxitos. Ela não acredita sequer em comemorá-los, pois está ocupada demais preparando a próxima corrida. Pense na seguinte imagem: uma atleta participa de uma corrida que é mais uma maratona que um tiro de curta distância. Digamos que ela ganhe e, nos últimos metros, levante as mãos em gesto de vitória, cruze a linha de chegada e desabe de cansaço. Ofegante, não consegue nem se levantar. Agora imagine que o treinador ou treinadora grita lá da arquibancada: "Levanta! Você não veio aqui tirar uma soneca! Você tem outra corrida para fazer!" Isso é o que a Rainha da Neve faz em nosso mundo interior.

Mas e se a Rainha da Neve acreditasse na Terna Companheira quando diz que ela "Não tem que fazer isso"?

Estou escrevendo este livro e preciso me manter atenta para que minha própria Rainha da Neve colabore comigo, mas como uma personagem transformada, que chamo de "Adulta". Quando permito que meu "eu" menos maduro assuma o volante do meu veículo interior, sinto que ela começa a me apressar. "Vamos, rápido. Confira quantos caracteres você escreveu hoje! Você não está alcançando a meta!"

Antes de seguir em frente, entre

A Terna Companheira diz à Adulta: "Entre, não siga em frente." Ou melhor: "Não siga em frente antes de descobrir quem você é em seu âmago. Comece por dentro." Há alguns anos, percebi minha aversão automática a expressões como "desenvolvimento", "êxito", "carreira", "seguir em frente". O que me incomodava nelas? Por fim entendi que se tratava da direção do movimento. O caminho para si mesma (ou seja, nossa caminhada pelo mundo, porque não podemos caminhar de outra maneira que não com nossas próprias pernas; não podemos olhar o mundo de outro modo que não com nossos próprios olhos), na minha opinião,

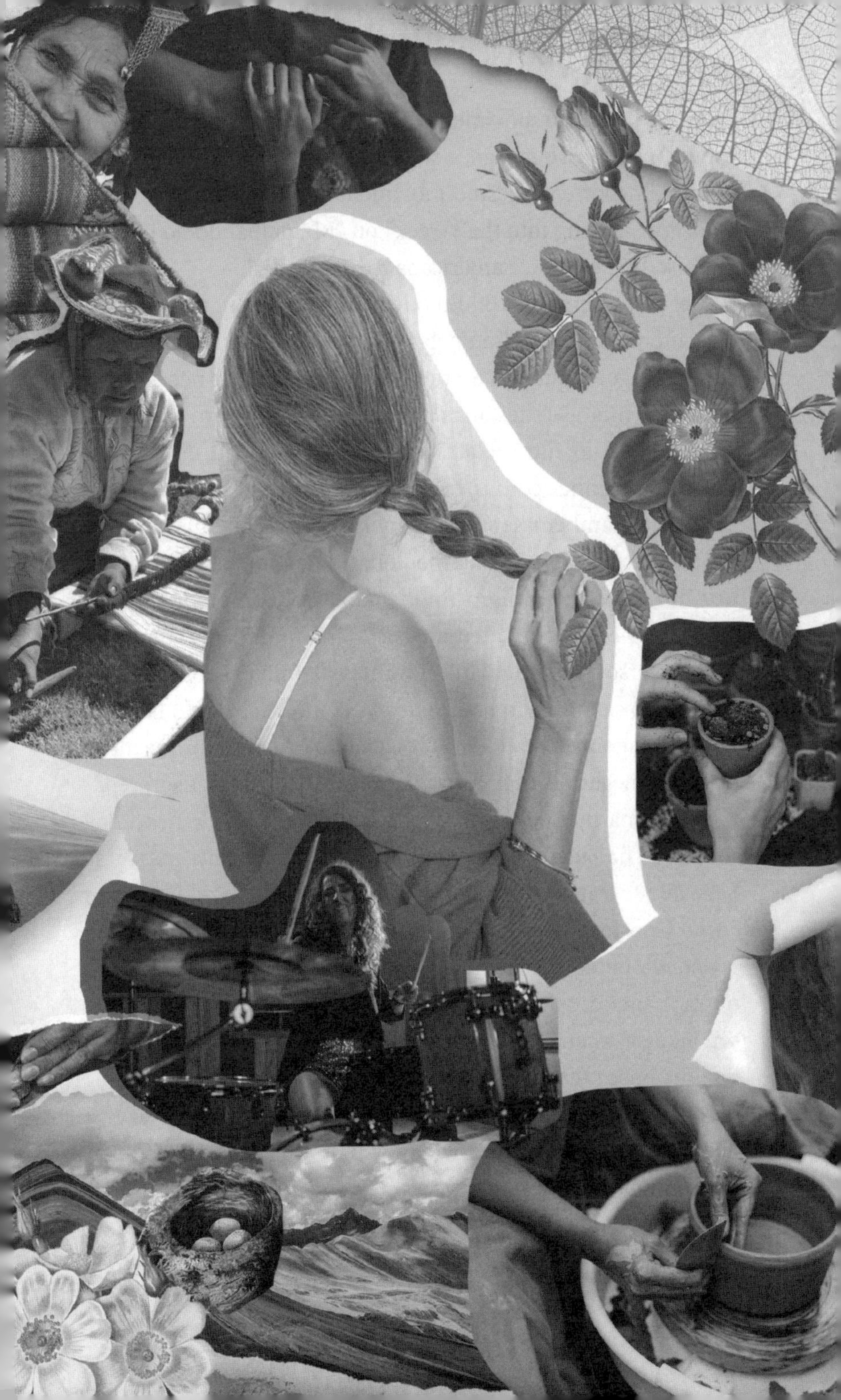

acontece graças ao movimento para dentro. Um movimento em espiral, para nosso âmago, e só depois para fora, em direção aos outros. Encontrei o mesmo movimento num dos meus poemas favoritos, "Diving into the Wreck", ou "Mergulhando no naufrágio", escrito pela poeta americana Adrienne Rich.

Sei esse poema de cor. Eu o leio em voz baixa e em voz alta, o escuto no YouTube lido pela própria Adrienne Rich. Por que será que agora, quando escrevo sobre ele, tenho a necessidade de relê-lo muitas vezes, mas não na internet? Quero encontrar o livro e tocá-lo, filtrá-lo através do meu estômago, do meu coração, das minhas cordas vocais, porque preciso, não só repassá-lo, mas também sentir sua energia *yin*, a energia do meu próprio corpo. Não está no meu quarto nem no banheiro, mas, por fim, encontro o livro fino, amarelado, comprado em um sebo. E a pessoa que o leu antes sublinhou de lápis alguns títulos e versos; esse alguém que, antes de mim, mergulhou em direção ao seu próprio naufrágio, tal como se chama o livro.

A protagonista do poema (vou chamá-la assim porque meus dedos se negam a usar a fria expressão "eu lírico") se prepara para uma incursão submarina: veste um traje de neoprene preto, "as nadadeiras absurdas, a séria e desajeitada máscara". Sabe que se trata de uma obrigação: "Tenho que fazer isso / não como Cousteau com sua / diligente equipe / a bordo da escuna inundada de sol / mas aqui, sozinha." Ela não pode fazer de outra maneira, tem que ser sozinha; é impossível encontrar o seu âmago, o seu primeiro anel de crescimento, se não através de uma busca terna e persistente, corajosa, constante e afetuosa. Ninguém vai fazer isso por você, e você não poderá fazê-lo de forma mecânica, controlada a partir do exterior. Você não pode simplesmente pesquisar no Google. Nenhum livro (nem este nem qualquer outro) que apresente três, cinco ou quinze passos fáceis, escrito por alguém que não é você, lhe permitirá encontrar a si mesma.

"Encontrar a si mesma" significa que antes tivemos que nos perder. A protagonista do poema, que mergulha em direção ao barco naufragado, busca nele a si mesma.

Para quê? Para que deveríamos fazer isso? Para que dedicar tanta atenção a nós mesmas? Não sei se estou ouvindo você me perguntando ou se estou perguntando a mim mesma. Há tanto mundo à nossa volta... Tanta beleza a admirar, tanta tristeza a aliviar – tudo isso é muito maior do que não ter um quarto próprio, não poder construir uma relação saudável ou não conseguir encontrar uma vocação profissional. Posso dizer com sinceridade que não considero que eu ou o meu mundo interior seja um tema especialmente interessante; não me considero nem melhor nem pior do que qualquer pessoa. Minhas paisagens interiores, meus sonhos, confusões, abismos e horizontes são muito interessantes, mas não mais do que os de qualquer outro ser humano. Então, por que e para que passei vários anos indo à terapia, por que tentei me conectar comigo mesma por meio da prática de yoga e meditação, todas interrompidas e retomadas constantemente, além dos círculos de mulheres e tantas outras coisas que faço para "me encontrar"? Por que nós, com esse traje ridículo, sem ter acesso ao ar, quase sem conseguir ver nada, abrimos caminho até o interior de um barco naufragado que está no fundo do mar? E por que ele naufragou, para começo de conversa?

"Vim explorar o naufrágio (...) / Vim para ver o estrago causado / e os tesouros que permanecem."

Por que faríamos isso? Afinal de contas, há vida na superfície. A bordo da "escuna inundada de sol", ou em terra firme, existem escritórios limpos e reluzentes; ruas iluminadas durante a noite;

agendas repletas de reuniões para debater assuntos primordiais; saltos altos que ficam muito melhor do que umas nadadeiras ridículas; lápis de olho e rímel que com certeza ficariam borrados embaixo d'água... Por que deveríamos querer descer, ver "o estrago causado" e "os tesouros"? Por acaso nos sentimos mal em nossos apartamentos quentinhos, secos e iluminados?

Somos, sou, és
por covardia ou coragem
quem encontra nosso caminho
de volta a este cenário
segurando uma faca, uma câmera,
um livro de mitos
no qual
nosso nome não aparece.

"Cuidado", me avisa a Terna Companheira. "Existem pessoas que têm os pés no chão, mulheres e homens, que vivem uma vida feliz e não precisam fazer esse trabalho, não têm que mergulhar em nada. Não fale por todos." E eu respondo: "Certo. Mas essas pessoas não estão lendo este livro."

E eu também não estaria escrevendo se fosse uma mulher completamente com os pés no chão. Mas sei que me movo entre dois mundos. Ao menos dois. Se você se parece comigo, precisa descer até o seu barco naufragado. Precisa descobrir a verdade sobre a sua vida, olhar para ela. O que aconteceu comigo? Quem eu sou de verdade? Imagino que você deva estar se perguntando. Segurar nas mãos o que se quebrou, o que está perdido, descosido, avaliar o seu peso; tocar o tesouro, a joia, ainda que seja uma pedrinha que você encontrou ao lado da trilha, durante um passeio com a sua mãe.

Se você disser que no seu barco só encontrou estragos, não vou acreditar em você.

Prepare uma sopa com muito pouco

Algumas pessoas, homens e mulheres, vivenciaram coisas realmente terríveis. Há os que, quando criança, experimentaram uma grande falta de amor. Quando me abro a essa verdade, sinto dor. Se esta é a sua dor também – a dor da mulher para a qual escrevo –, permita-me fazer uma reverência diante de você. Escrevo estas frases lentamente, mais lentamente do que antes, apago, mudo, começo de novo: não sei como encarar a dor. Mas sinto também que não quero que paremos aí. Caso esteja se perguntando se, na última frase da história que conta a si mesma sobre a sua vida, deveria ou não tratar de uma ferida aberta, de dano e de falta de esperança, quero convencê-la a não colocar o ponto-final aí. Ou, depois, a escrever algo mais.

Me permita, por um momento, mudar aparentemente de tema, para retomar logo o que talvez seja a continuação da história.

Eu tenho uma amiga, Tereska, que não tem muito dinheiro, mas sempre prepara jantares que despertam admiração. Ela utiliza ingredientes normais e corriqueiros, e, no entanto, o resultado costuma deixar todo mundo atônito. Arroz, cogumelos desidratados, salsinha. Eu escrevo uma mensagem para ela perguntando o que mais ela costuma fazer. Tereska me responde imediatamente: "Os meus pratos favoritos, sem pensar muito, são: massa com morangos picados e nata. Purê de batatas com chucrute escaldado. Sopa de tomate com macarrão caseiro. *Pappardelle* com manteiga, trufa congelada ralada e qualquer queijo ralado. É possível encontrar trufas baratas do tamanho de uma cereja; uma porção é suficiente. O amor é como a maioria das coisas. O que conta não é a quantidade, mas a qualidade. É melhor ter pouco do que um que seja abundante, mas tóxico, esmagador e aprisionador. Por enquanto é só, vou correndo para o cabeleireiro."

Sopa com muito pouco. Você pode ter pouco amor, mas fazer algo muito bom com ele. É injusto que alguns tenham uma despensa com milhares de ingredientes e outros tenham que remexer as gavetas e a geladeira só para encontrar macarrão e óleo vegetal. Não deveria ser assim. Mas, como escreveu Gilbert no livro que já citei, *The Compassionate Mind*, não escolhemos o que recebemos, mas podemos escolher, pelo menos um pouquinho, o que fazer com o que recebemos.

Recentemente encontrei, numa loja de roupas de segunda mão, uma camiseta maravilhosa com a estampa: "A felicidade é uma escolha." E, ainda que fosse de uma cor linda e feita 100% de algodão, não a comprei. A felicidade não é simplesmente uma escolha; essa é uma fórmula muito simplista, desrespeitosa com o sofrimento de homens e mulheres que querem ser felizes. Não quero ouvir fórmulas fáceis e nunca me unirei ao coro (já numeroso) que as canta. Conheço muitas pessoas que todos os dias querem ser felizes e todos os dias fracassam. Empurram morro acima a sua pedra que, todos os dias, acaba rolando ladeira abaixo. É uma espécie de heroísmo que ninguém vê: muitas vezes ficam sem forças para sair da cama, preparar o café da manhã para os filhos, levá-los à escola, passar batom, entrar no escritório, dar uma aula... e, mesmo assim, fazem tudo isso, embora com muita dificuldade. Tanto suor para atravessar cada dia, e você abre os olhos e vê a pedra que o espera. Você sabe que vai empurrá-la e sabe que acabará rolando ladeira abaixo. No dia seguinte, você abrirá os olhos novamente e, de novo, a pedra estará aí. Enquanto isso, outra pessoa, talvez alguém ao seu lado ou em outro quarto, se espreguice e veja o sol através da janela.

"Por que você está fazendo essa cara de novo?", pergunta essa pessoa com ironia. Ela não empurra pedra nenhuma.

Escrevo sobre isso a partir de dentro e de fora. Na maior parte dos dias me sinto feliz. Mas me lembro dos dias em que eu tinha que empurrar a pedra; passei por isso e me sinto no direito de escrever sobre o assunto – não do púlpito, mas das profundezas da verdade. Sinto que isso me dá direito a dizer: se você está empurrando uma pedra há algum tempo, talvez valha ainda mais a pena procurar uma forma de construir seu lar interior, seguro e confortável. Conheço mulheres que construíram um lar assim, contando somente com uma linha, dois gravetos e um pouco de palha.

Por onde começar, quando parece que não temos nada além de um enorme sentimento de abandono, solidão, mágoa e ressentimento pelas pessoas que deveriam ter nos apoiado e não o fizeram? Parece que o segredo é fazer um encontro com a Terna Companheira. Mesmo que você pense que ela não está aí, ela está. Eu sei disso, apesar da sua dúvida. Mas, ao encontrá-la, você a ouvirá dizendo a palavra "sim". Será um "sim" dito a você, da forma que for. Talvez você até se vire para ver se não tem ninguém atrás. "Será que ela falou comigo mesmo?"

"Sim. Você é boa o bastante sendo quem é. O que você tem dentro de si é suficiente." E depois você ouvirá algo que pode parecer estranho: "Você se ama." Lembro que, quando ouvi essa frase dentro de mim, no início me senti muito incomodada: como se fosse, ao mesmo tempo, uma verdade evidente e uma evidente mentira. "Você se ama." Algo dentro de mim respondia: "Não diga! É claro que eu me amo." Mas outra parte de mim parecia chorar, como se despertasse algum antigo anseio em mim. Como se eu tivesse tocado um lugar há muito intocado e tivesse sentido dor.

"Você se ama."

Encontre o amor com o qual tudo começou

Um de meus mestres espirituais preferidos chama-se Adyashanti. Quando assisto aos seus discursos tenho a sensação de ter apertado o botão de pausa, porque os segundos passam e a imagem não se move: um rosto imóvel, o silêncio de fundo. Aperto o *play* como se tivesse me esquecido do extraordinário conselho que recebi durante um curso de tecnologia da informação. Um dos participantes estava observando com compaixão o meu esforçado e inútil embate com a tecnologia. E perguntei: "Que conselho profissional você me daria?" E ele respondeu, construindo uma frase completa: "O meu conselho profissional é que você não toque em nada." Depois, justificando suas palavras, ele me revelou o segredo: quando aperto o *play*, por exemplo, o computador precisa de um segundo para cumprir a ordem, e durante esse segundo (que para mim dura uma eternidade) não devo lhe dar qualquer outra ordem porque, assim, poderei confundir o sensível tecido digital da máquina.

Aperto *play* e *pause* sem parar. Adyashanti permanece em silêncio. Mas, quando decide começar a falar, ele diz coisas profundas e sábias. Como no trecho a seguir, em que começa citando seus discípulos: "'Por que isso teve que acontecer comigo?' 'Por que a minha vida tomou esse rumo?' Essa raiva e essa fúria se manifestam de muitas formas. Queremos que a vida nos dê explicações, que Deus nos dê explicações. Queremos que pessoas que fizeram parte do nosso passado nos deem explicações. Às vezes nos sentimos vítimas do nosso próprio sofrimento, que persiste em nós. Mas existe algo, um fator que eu considero universal, que determina se nos libertaremos desse sofrimento ou não (...). O que conecta todos os nossos esforços e caminhos para a cura é o fato de começarmos com algum tipo de resistência. Em sua maioria, as emoções negativas (a tristeza, o desânimo, a fúria, o ressentimento, o conflito) são diferentes formas de resistência e raiva. Vamos supor que uma pessoa viva constantemente zangada: a sua raiva interior está se projetando para fora. Uma pessoa assim vai ficar com raiva de tudo e de todos ao seu redor. Outra vai direcionar a raiva para dentro e cair numa depressão (...). Por trás da sensação de que somos infelizes, por trás da nossa raiva, da nossa fúria, da nossa vergonha, por trás de todos esses sentimentos ruidosos, existe uma tristeza, um pesar."

Não sei você, mas eu, neste momento, já estou começando a chorar, alguma porta no meu terceiro andar interior se escancarou e escuto com maior clareza a voz que vem do cômodo.

"Uma tristeza", repete Adyashanti. "Muitas vezes ficamos aprisionados nessas emoções externas porque, por mais dolorosas que sejam, não nos sentimos preparados para enfrentar o pesar que está por trás delas. E por trás do pesar?", ele continua, mergulhando em direção ao naufrágio que me enche de felicidade: aquele movimento de ir retirando as camadas, de tentar chegar à essência das coisas.

"Quando ansiamos por alguma coisa, essa coisa sempre está conectada com algo que é valioso para nós, com algo que amamos. Se não amamos, não sentimos tristeza. Quando alguém que não é próximo a você morre, você não sofre, você não vive o luto (...). Sentimos tristeza por aquilo que amamos.

Compreender isso é a chave para o nosso processo de cura", diz Adyashanti, e faz uma pausa tão longa que os meus dedos querem começar a dança *play-pause-play-pause*, mas não faço isso e continuo escutando.

"A capacidade de cura não vem da resistência, da raiva, não vem da fúria nem de outras emoções que, embora fortes, estão camuflando algo mais significativo. Não vem da culpa. A cura nunca crescerá no solo da culpa. Mas, por trás desses sentimentos, sempre existe algo suave (...). Então, se você sente pesar por algo que perdeu, se sente que perdeu algo, por baixo disso deve haver amor. Ali, logo abaixo da superfície de tudo isso, tem que haver amor", ele repete com verdadeira paixão, e eu, ao escutá-lo, respondo com paixão em meu coração. E agora, enquanto escrevo estas palavras para você, sinto como se estivesse tocando algo em mim.

"O amor por algo dentro de você", Adyashanti continua. "Cuidado. Um senso de cuidado por si mesmo. Em outras palavras, uma ternura, o que significa que você se ama, você sente compaixão por si mesmo. Todo pesar vem do amor, do cuidado, da *compaixão*. Nos meus encontros com milhares de pessoas, percebi que, a menos que entremos em contato, a menos que encontremos em nós uma disposição a tocar essa ternura por nós mesmos, a tocar o fato de que somos importantes para nós, de que existe algo em nós que amamos, mesmo que seja um amor por algo que pensamos ter perdido... O processo de cura só pode começar quando conseguimos nos conectar com esse amor, com esse cuidado, com essa compaixão (...). Porque, se você não se amasse, o que dói na sua vida não o machucaria. Se você sente raiva é porque não é indiferente a si mesmo."

Adyashanti se repete, e eu repito depois dele, porque acredito na energia em espiral do movimento para dentro, para o interior, de voltar uma e outra vez ao mesmo ponto. Acredito que o que precisamos escutar costuma bater à nossa porta muitas vezes. Nós, entretanto, colocamos música alta ou saímos à varanda para não ter que escutar; porém, mais cedo ou mais tarde, cansadas dessas constantes batidas à porta, nós a abrimos. E é nesse momento que, como diz Adyashanti, entramos em uma relação íntima com a nossa humanidade. É algo bem diferente do conhecimento enciclopédico sobre o *Homo sapiens*, da nota dez em uma prova de biologia, de passar em uma disciplina de psicologia. Uma relação íntima com a nossa humanidade nasce no corpo – na barriga, no ventre, no coração, debaixo da pele. Eu sou, eu sou. Sou inteira, inseparável das minhas partes do terceiro andar. Sou a mulher da colagem; por baixo do plástico colado ao meu corpo se infiltra uma corrente de ar; basta um buraco muito pequeno para o oxigênio entrar.

É suficiente ser capaz de agarrar-se a algo. Puxe uma das pontas do fio para começar a romper o casulo. Depois, você já está na trilha.

"Tenho um pouco de Deus em mim", escreveu Marcin Świetlicki, um poeta polonês. "Eu cuido desse pedaço, dessa crosta." Esse pedaço, essa crosta, esse algo que antes foi uma ferida – se lhe colocarmos um curativo, ele nos ajudará a encontrar o caminho de volta a nós mesmas.

Quando eu era pequena, em todos os verões, os meus pais, o meu irmão e eu íamos nas férias para um povoado chamado Białka Tatrzańska. Passávamos julho e agosto inteiros na casa da "nossa" anfitriã. Uma casa de madeira que cheirava a feno e leite fresco, debaixo de uma enorme tília; um caminho íngreme que levava ao rio entre arbustos de framboesas silvestres; algumas pedras grandes e quentes na margem do riacho. Sentávamo-nos em cima de umas pedras e, às vezes, até criávamos coragem para mergulhar na água gelada. O pão, que eu ia de bicicleta buscar, recém-saído do forno, queimava as minhas mãos. Havia uma igreja de madeira enegrecida pelo tempo e uma biblioteca que eu visitava quase todos os dias para retirar um livro novo. Todas essas imagens vivem em mim e ficarão comigo para sempre.

Num verão, logo ao chegar, fui dar uma volta pela propriedade da nossa anfitriã: meio hectare de terra, uma casa, um estábulo, algumas árvores, um pequeno jardim. Eu ouvi alguns latidos furiosos atrás do celeiro. Era um cachorro atado a uma longa corrente: um vira-lata, preto e peludo. No verão anterior, ele não estava lá (naqueles tempos, relativamente remotos, todos os cães ficavam presos e ninguém se surpreendia). O cachorro latia obstinada e ferozmente, e parecia ter tanta vontade de me alcançar que preferi não pensar no que poderia acontecer se não fosse pela corrente.

Não lembro ao certo quantos anos ele tinha nem como se chamava, mas lembro que, guiada por algum instinto, comecei a visitá-lo todos os dias, várias vezes ao dia. O cachorro latia cada vez menos, com menos determinação e sem dar puxões na corrente. Finalmente, só dava uns dois ou três latidos, por costume. Já não havia mais raiva (ou seja, medo) em seus latidos. Após alguns dias, peguei um pedaço de salsicha e me aproximei, ainda protegida pela presença da corrente. Algumas vezes, deixei a salsicha sobre a grama e me retirei, até que um dia fiquei de cócoras com um pedaço de salsicha na mão, e o cachorro se aproximou e comeu da minha mão. No dia seguinte, fiz o mesmo, mas acariciei sua cabeça com a outra mão. Depois fui perguntar à anfitriã se podia soltá-lo e brincar com ele na grama. Ela disse que sim.

A partir daí, passamos à penúltima etapa, e penso nela com muita emoção: o cachorro começou a ficar doido quando me via, mas por uma razão bem diferente da do início; ele ficava contentíssimo e louco para brincar. Ele sabia que a minha presença significava que ele poderia ficar livre por um tempinho, comer um pedaço de salsicha e se divertir. A última etapa foi muito dolorosa para mim: perto do festival da Virgem Maria, quando as meninas locais, bem-vestidas para a ocasião, levavam buquês e coroas de flores para a igreja de madeira, percebi que, como todos os anos, as férias estavam acabando e que, em breve, teríamos que ir embora. Eu me dei conta de que teria que deixar o cachorro, que ele me esperaria, mas eu não apareceria. Até hoje me dói pensar no que ele deve ter sentido no primeiro, no segundo, no terceiro dia após a nossa partida. Para ele foi como se eu tivesse morrido, como no precioso poema de Wisława Szymborska:

> Morrer, isso não se faz a um gato,
> porque que pode fazer um gato
> em um apartamento vazio?
> Escalar as paredes.
> Esfregar-se entre os móveis.
> Aparentemente nada mudou
> e, no entanto, está mudado.
> Nada foi movido e, no entanto, tudo está separado.
> E, à noite, o abajur não acende.
> Ouvem-se passos nas escadas,
> mas esses passos não são os mesmos.
> A mão que deixa o peixe no prato
> tampouco é a que deixava.
> Algo aqui não começa
> em seu horário habitual.
> Algo aqui não está acontecendo
> como deveria.

Alguém esteve aqui e estava,
e então desapareceu de repente
e está insistentemente ausente.

Será que valeu a pena? Será que foi bom para ele? Não sei. Só lembro que, quando voltamos no ano seguinte, o cachorro ainda estava preso com a mesma corrente atrás do estábulo e me reconheceu de imediato. No ano seguinte a esse, ele não estava mais.

Eu me lembro dessa história – uma história de aproximação, amor, abandono, reencontro, abandono – quando penso no movimento que fazemos em direção a nós mesmas. O mesmo movimento do qual Adyashanti falou em sua palestra. O mesmo a que nos convida a Terna Companheira. O mesmo do qual, na verdade, todo este livro trata. Sinto que o processo é semelhante: encontramos um vira-lata acorrentado, em cuja fúria está mascarando o medo que há por baixo. Ele não quer falar conosco, quer nos morder, nos atacar e certamente faria isso se não fosse pela corrente. Será que eu aproveitaria o fato de que está acorrentado para zombar da sua tentativa desesperada e fadada ao fracasso de me atacar? Daria as costas para ele e simplesmente iria embora? Ou começaria um processo lento e paciente de aproximação?

"Você está dizendo que tem dentro de si um vira-lata que precisa domesticar?" Ouço a voz irônica do Olho Frio, zombando de mim, e sinto que agora estamos face a face, ele e eu, e nos medimos com o olhar, como aqueles caras dos filmes de faroeste. Eu ganho: ele desvia o olhar primeiro e posso continuar escrevendo.

Como seria descobrir que esse cachorro, no fundo, é igual a qualquer outra criatura e só quer ser amado? Como seria atravessar pela primeira vez a sua tristeza e a sua raiva, investigar mais fundo, mergulhar mais fundo, encontrar o medo que há por baixo, o mesmo que impele a Rainha da Neve e a Submissa, mas não parar por aí; investigar mais fundo, descer as escadas até as profundezas, deixar para trás as histórias que conta a si mesma sobre as constantes injustiças que recaem sobre você, deixá-las em suspenso, seguir avançando, mais fundo, até o âmago, e por fim alcançar esse lugar tenro e suave onde uma criança a espera chorando? Como seria dizer a ela: "Estou aqui, vou nutri-la, libertá-la e amá-la"?

Como isso transformaria suas segundas-feiras, quintas-feiras, seus domingos?

"Esta é a diferença entre os que experimentam a cura e os que nunca experimentarão", resume Adyashanti, sem rodeios. "Se você não entrar em contato com o seu amor e cuidado interiores, nunca alcançará a cura. Não importa o que você faça, ainda estará dando voltas: seja indo à terapia, buscando práticas espirituais ou qualquer outra coisa."

Bom, você é quem sabe.

Pergunte a si mesma o que você quer

Quando consegue alcançar o amor por si mesma – ou melhor, quando ele começa a funcionar, porque, como você já chegou a esta parte do livro e eu também, ambas sabemos que essas questões não podem ser resolvidas de uma hora para outra –, você pode começar uma prática diária de autocuidado. Isso significa – pelo menos segundo a minha experiência – verificar todo dia o que você quer, o que é seu, o que tem a sua cara. Não se trata de fazer planos de cinco anos nem de criar mapas de sonhos, mas de coisas pequenas, ou melhor (e para não lhes faltar com o devido respeito), das Pequenas Coisas. "O que você quer comer, meu amor?", pergunto a mim mesma. "Do que você necessita? O que lhe daria um pequeno alívio apesar de estar num engarrafamento? Este vestido tem a sua cara ou não?" Quando descemos até o naufrágio e retornamos à superfície, levando em nossas mãos o que devemos guardar, as respostas a essas perguntas se tornam surpreendentemente acessíveis. "Você quer montar um curso de formação para essa cliente? O que você quer comunicar à sua amiga com essa conversa?"

Às vezes, as respostas resolvem apenas um dilema momentâneo, mas também podem formar um padrão. Aprender a reconhecer esse padrão pode mudar e facilitar muitas coisas, trazer sossego. Eu, por exemplo, entendi que prefiro voltar para casa pelo caminho mais longo, pelo campo, e não pelo mais curto, que passa pelo centro da cidade. Que prefiro beber água morna com limão, e não água gelada. Que preciso dormir com cobertas pesadas, inclusive no verão. Nos dias em que ministro um curso ou oficina, quero descansar à tarde, ou ficarei zangada e triste à noite.

Falar consigo mesma não é muito bem-visto: é uma atividade em geral considerada vergonhosa. Eu, ao contrário, tenho uma opinião muito positiva sobre esse hábito. Acho que a ideia de que uma pessoa não deve falar consigo mesma se baseia em uma convicção pouco inteligente e difícil de defender de que somos uma estrutura homogênea e, portanto, não fica claro quem deveria falar com quem. Na minha jornada, encontrei poucas mulheres que se consideram internamente homogêneas; por outro lado, conheci muitas que baixavam a voz ao me contar os nomes e apelidos das personagens que vivem dentro delas. Como você já viu, toda a estrutura deste livro se baseia na crença de que somos multifacetadas – seria difícil, portanto, que uma parte não falasse com a outra. Se não nos falássemos, nos condenaríamos a uma espécie de confinamento interior. Por isso, me proporciona um prazer enorme manter um diálogo interno, às vezes até em voz alta – embora, em lugares públicos, por educação, eu tente permanecer calada para não incomodar ninguém. Seja como for, recomendo fortemente que a gente se faça perguntas e pouse nosso ouvido no lugar de onde vem nossa voz interior. Se for a voz de uma mulher transformada, capaz de ouvir a Terna Companheira, tenho certeza de que você não ouvirá nenhuma idiotice. E, ainda mais importante, será uma prática de orientação interior. Quando as respostas vêm de dentro, você para de buscar validação externa e de tentar atender às expectativas da chamada "sociedade". A coisa toda é dinâmica. Uma história ilustra bem isso. Já a vi sendo contada de diferentes maneiras, mas sempre com a mesma conclusão.

"Um homem idoso instruía seu neto sobre a vida. Ele diz ao neto:

– Dentro de mim está ocorrendo uma batalha. É uma luta terrível entre dois lobos.

O velho faz uma pausa para recuperar o fôlego e continua, com expressão séria:

– Um dos lobos é mau. Ele é a raiva, a inveja, a tristeza, o rancor, a ganância, a soberba, a autocomiseração, o sentimento de culpa e de inferioridade, a mentira, a arrogância, a vontade de dominar e o ego. O outro lobo é bom. – E o rosto do velho se ilumina. – Ele é a alegria, a paz, o amor, a esperança, a humildade, a gentileza, a bondade, a generosidade, a verdade, a compaixão e a fé. A mesma luta está ocorrendo em você e em todo ser humano.

O neto fica pensativo e logo pergunta ao avô:

– E qual dos dois vai ganhar?

– Aquele que você alimentar – responde ele."

Esses dois lobos ou essas duas lobas – estou convencida disso – estão em cada uma de nós. Todo o tempo, todo dia, nos encontramos numa encruzilhada entre a gestão interior e a gestão exterior. Toda vez que você busca validação externa e quer agradar, está alimentando o lobo mau: você enfraquece a sua conexão com a Terna Companheira e cede o controle à Submissa, à Rainha da Neve e à Sofredora. Deixe-me confessar uma coisa: neste momento, eu mesma sinto medo da sua desaprovação, como se a minha Submissa estivesse com medo da sua Rainha da Neve. Mas, sim: você se enfraquece toda vez que publica nas redes sociais provas de quanto você é legal. Eu penso o seguinte: toda vez que você posta uma selfie, aplica um filtro à sua foto, compartilha o "seu momento de serenidade" com um delicado jardim ao fundo, toda vez que se gaba das notas do seu filho ou mostra a todo mundo que o seu marido comprou um buquê de rosas para o aniversário de casamento, você se enfraquece e se ancora no exterior. É como se você estivesse implorando: "Mundo, goste de mim! Eu sou legal, não sou? Não sou, hein?!"

A Terna Companheira me dá outro toque: "Não fale por todo mundo. Talvez alguém veja isso de um jeito diferente." Tudo bem. Talvez você, que está lendo, enxergue isso de outra forma. Mas analise bem e veja se compartilhar a alegria não se converte, literalmente, em algo que deixa menos alegria dentro de você. Será que você não está alimentando o lobo errado? Mas, se você sente que não faz isso em busca de aplausos externos e que está alimentando o lobo bom, eu acredito. Se você crê em si mesma, eu acredito em você completamente.

Também estou tentando cultivar em mim mesma certa ternura por essa parte que precisa de aplausos, que sente uma necessidade imperativa de mostrar a todos a inteligência extraordinária do meu filho, de demonstrar que tenho um relacionamento invejável ou uma casa bonita. De ganhar essa aprovação com que Yalom sonhou. Mas o que está por trás de tudo isso? Respiro profundamente e ouço uma resposta clara: "Por trás de tudo isso existe medo." Reconheço essa sensação no meu corpo – sei que, quando recebo tais aplausos, me sinto vendida, como se tivesse rebaixado meu preço. Vale mais guardar todas essas maravilhas para mim e para as pessoas mais próximas.

Crie o seu Próprio Quarto

Noto que a Terna Companheira me oferece outras dicas e escuto o que ela está dizendo sobre o Próprio Quarto.

Quando eu tinha mais ou menos 30 anos, senti a necessidade de me mudar de Cracóvia. Uma série de "coincidências" me conduziu a um antigo pomar numa colina, ao norte da cidade. Senti que esse era O lugar. Assim começou meu caminho para casa: um caminho longo, exaustivo e cheio de altos e baixos. Tantos altos e baixos que, se tivessem ficado visíveis desde o princípio, provavelmente acabariam com toda a minha força. Se você já construiu uma casa, sabe do que estou falando: muito mais demorado do que o previsto, muito mais caro do que o esperado. Desentendimentos, fracassos, discussões com funcionários e bancos, um generoso catálogo de palavrões dirigidos aos pedreiros. A melhor parte foi olhar revistas de decoração para descobrir do que eu gostava e as conversas com o arquiteto. "O que você gostaria de ter nessa casa?", me perguntou o arquiteto em nossa primeira reunião, quando ainda nos tratávamos de um jeito muito formal. "Um quarto só meu!", exclamei, com uma paixão que surpreendeu o arquiteto. "Muito bem. Certo. Algo mais?", prosseguiu ele, como se nada tivesse acontecido. Por que eu quase gritei? Por que ele demonstrou surpresa com a minha exclamação?

Quando falo com amigas, conhecidas e participantes das minhas oficinas, com frequência elas comentam que não têm um quarto próprio, ainda que, na verdade, sejam elas que tenham decidido a distribuição dos cômodos da casa que iriam construir ou como ficaria o espaço do apartamento que compraram ou alugaram. Exceto as solteiras que, é claro, dispõem de todos os cômodos, muitas mulheres aceitam que vão "funcionar" num espaço compartilhado. Nós já sabemos: há o dormitório, uma sala de estar grande ou pequena, a cozinha, o banheiro e, em muitas ocasiões, o quarto do filho ou filha. Se sobrar algum espaço livre, é costume que seja destinado ao escritório do dono da casa ou, com menos frequência, a um quarto de hóspedes. As mulheres estão acostumadas a se conformar com um "cantinho": uma mesa na cozinha ou na sala.

Apesar de ter tido um quarto só meu num apartamento anterior (na verdade um quartinho de 3 metros quadrados), estava louca para ter um maior. Eu me lembro de querer escrever na parede do canto "Meu Próprio Quarto", tatuar a parede para que não restassem dúvidas, nem sequer para mim mesma. Depois passei a acreditar que esse espaço existiria, seria meu, e que não era preciso tatuar nada.

Meu próprio quarto, localizado à esquerda da entrada, inicialmente ficou repleto de caixas abarrotadas de objetos de todos os habitantes da casa. E por que tinha coisas alheias no MEU quarto? Hoje penso que é algo que ocorre com frequência: os outros invadem o nosso espaço e nós aceitamos isso como algo natural; e digo mais, nós os convidamos. "Venha aqui, aqui você estará confortável!", dizemos, de livre e espontânea vontade. Quando por fim esvaziamos as caixas, o meu quarto permaneceu vazio durante bastante tempo. Eu entrava nele, me sentava no chão e olhava pela janela. E lembro que isso era uma necessidade para mim – essa etapa em que o meu quarto era uma possibilidade (é meu mesmo, não estou sonhando!). Depois, de maneira gradual, comecei a enchê-lo de coisas, começando por uma estante de livros.

Para mim, esta é uma questão muito prática e relevante: você tem um quarto só seu? Há cem anos, Virginia Woolf falou sobre esse assunto em um ensaio que argumentava que, se uma mulher desejava escrever, precisava de um quarto próprio e dinheiro na conta-corrente. Seja para escrever, ler ou as duas coisas, um quarto próprio representa um espaço de diálogo com você mesma – e eu, como filha de psiquiatra, defendo isso com unhas e dentes. Se você não dispõe de um espaço separado em sua casa, acabará fundida na realidade compartilhada, tal como os ingredientes em uma *fondue* de queijo. Se você é introvertida ou (em versão combo) uma introvertida altamente sensível, a carência de espaço próprio começará a afetá-la. Se é extrovertida, talvez sinta menos, mas, ainda assim, a sua própria voz permanecerá silenciada entre gritos, murmúrios e lamentos, sem chegar a alcançar você.

Se você pensa que isso não se aplica ao seu caso, lembre-se da sensação de quando fica sozinha em casa. "Ah, estou sozinha em casa! Eba!"

Caso você tenha objeções existenciais, deixe-me dizer que pesquisei na internet o preço de biombos e vi alguns que podem ser bem baratinhos. Uma alternativa mais econômica seria uma cortina. Para ganhar um espaço próprio não é preciso ter muitos metros quadrados. O que importa é ter um lugar onde você possa estar sozinha, e onde todos saibam que devem bater na porta se quiserem interrompê-la. Esse tipo de espaço transmite um recado importante ao mundo que a rodeia: essa mulher tem limites que não podem ser ignorados facilmente.

Quando você encontrar o seu quarto próprio (seja grande ou pequeno), reserve um tempo para decorá-lo à sua maneira. Inclusive se isso implica experimentar emoções de todo tipo, como as que vivi ao enlouquecer por conta de uma parede do banheiro. Estou convencida de que a decoração (assim como o nosso modo de nos vestir) é um assunto menos trivial do que parece.

O psicólogo americano Daryl Bem, criador da teoria da autopercepção, defende que, da mesma maneira que julgamos os outros pelo comportamento deles, também formamos opiniões sobre nós mesmos com base no nosso. Vejamos um exemplo: se uma colega sua raramente fala durante as reuniões de trabalho, você vai pensar que ela é tímida. Assim, argumenta ele, se você permanecer em silêncio durante as mesmas reuniões, é provável que também pense que é tímida.

Imagine que uma amiga convide você para a casa dela. Vocês querem ter uma conversa. Na sala, está a filha com uma amiga. O escritório está sendo ocupado pelo "dono da casa". A cozinha dá para a sala, então também a descartamos. Por fim, vocês acabam no dormitório. "Droga, não tenho meu próprio cantinho nesta casa", murmura sua amiga, tirando a camisola da cadeira para que você possa se sentar. Ela se acomoda na beirada da cama. Como você acredita que essa situação poderia influenciar a percepção que tem sobre a sua amiga? Que opinião você teria dela, para o bem ou para o mal? Bem afirma que você terá sobre si a mesma opinião que tiver sobre outra pessoa – seja em relação a ter seu próprio canto ou a qualquer outro aspecto. Ainda que as nossas reflexões venham de nossa vida interior, também formamos opiniões a partir do que recebemos de fora. Em certa medida, isso pode ser considerado uma boa notícia, já que nos brinda com a possibilidade de iniciar uma transformação não só por meio da autoexploração em sessões terapêuticas, mas também através de novas ações cotidianas.

Aqui nos aproximamos da teoria da dissonância cognitiva de Leon Festinger, que descobriu que, como funcionamos no âmbito da tríade sinto-penso-faço, nos esforçamos para que essas três dimensões sejam coerentes. Por exemplo, se você tem medo de lugares fechados, chega à conclusão de que elevadores são perigosos e prefere usar as escadas. Mas o que aconteceria se, apesar dos seus sentimentos e convicções, você passasse a usar o elevador? Nesse caso, como argumenta Festinger, você começaria a se sentir desconfortável porque algo não estaria se encaixando: "Ei, eu tenho medo de lugares fechados e os elevadores me parecem perigosos. Por que não subo a pé?" É disso que se trata a dissonância cognitiva. E, sendo um estado desagradável, a sua psique tentará sair dele: é provável que seu medo de lugares fechados diminua. E com ele também diminuirá a convicção de que os elevadores são perigosos. Você também poderá, óbvio, decidir não experimentar mais e voltar a usar as escadas. O importante é que tudo se encaixe.

Se convidássemos Festinger e Bem para um debate sobre o quarto próprio, eles diriam: se você não tem um espaço próprio, poderá concluir que tem um valor secundário, sendo menos digna que os outros moradores da casa que têm um espaço só deles. Do mesmo modo, quando você se veste seguindo as últimas tendências, poderá chegar à conclusão de que é uma pessoa que pergunta ao mundo o que deverá vestir no próximo inverno ou verão.

E se você criar o seu Próprio Quarto? Ou começar a se vestir de acordo com o que faz você feliz, não com o que outras pessoas preferem? Pense no que se transforma (também para si mesma) a mulher que escolhe o que é bom para ela, que se dá o direito de pensar um pouco e depois comprar um abajur ou uma calça guiada por apenas um critério: "Isso combina comigo ou não?" Marie Kondo, em seu extraordinário livro *A mágica da arrumação*, aconselha que, durante a limpeza de armários, devemos segurar cada peça nas mãos e fazer a seguinte pergunta: "Isto me traz alegria?"

Com a ajuda dessa pergunta, acabei jogando fora metade do meu armário, e todas as roupas que sobraram realmente combinam comigo.

Não estou dizendo que você tenha que se interessar por roupas, abajures ou pela cor das paredes. Talvez você seja totalmente indiferente a essas coisas, e eu respeito isso. Estou apenas oferecendo exemplos que se aproximam das minhas experiências. Você pode substituí-los pelo que quiser: acessórios de computadores, livros, discos, potes de especiarias, ferramentas, plantas, sombras de olho ou qualquer outra coisa. A ideia continua sendo a mesma.

Nosso macro se compõe do nosso micro. Se aprendermos a tomar pequenas decisões cotidianas guiadas pela nossa bússola interior, reforçaremos nossa estrutura adulta para podermos tomar decisões fundamentais também de acordo com nosso eu interior, em vez de sucumbir a pressões externas. Cada vez que fazemos uma escolha de acordo com quem somos, alimentamos o lobo bom, aprendemos a gerenciar a nós mesmas a partir de dentro e é isso que nós somos. Portanto, a Adulta procura as respostas em seu interior.

Dessa maneira, com a ajuda da criativa Menina Selvagem, a Adulta vai construindo o seu mundo, do mesmo jeito que um pássaro constrói o seu ninho. Não se trata de ser ou de estar bonita. Não se trata de ter um chalé. Se trata de viver à sua maneira. A Adulta forja seu próprio mundo, escuta a música que quer, usa roupas que a deixam confortável, decora seu próprio quarto ou seu cantinho de tal forma que, quando entra ali, o seu corpo respira e diz: "Estou em casa."

Em 2018, após a morte de Kora, uma cantora polonesa muito conhecida, eu li uma entrevista com uma amiga sua. Ela contava que Kora, que enfrentou um câncer, costumava decorar os quartos de hospitais nos quais teve que passar várias temporadas nos seus últimos anos de vida. Diante de tantos hospitais, do fedor das salas de espera, da luz fria, da nojenta tinta amarela descascando das paredes, das camas de metal, do ruído do arrastar dos chinelos de feltro pelos corredores… Kora pendurava lenços coloridos nas paredes e decorava todos os quartos com flores frescas.

A Adulta treina o músculo da autogestão todos os dias e ouve dentro de si uma profusão de sins e nãos com cada vez mais frequência e clareza. Ela fica tentada pela ideia de uma aventura amorosa, mas escolhe a fidelidade porque ouviu o "não". E abandona uma relação de muitos anos porque ouviu um "sim" de verdade. "Não, não vou escolher este trabalho. Sim, vou começar este projeto. Sim, vou deixar este agroturismo monótono nas montanhas, porque sinto que agora quero trabalhar numa cidade grande. Sim, vou deixar este trabalho monótono na cidade porque quero viver nas montanhas."

"O que é a liberdade?", me pergunta a Adulta, e logo ela mesma dita a resposta: "Liberdade é fazermos o que realmente queremos, ou seja, o que nos faz bem." Não se trata de vontades, mas do que necessitamos após uma reflexão interior. Quando, anos mais tarde, revemos essa escolha, nós a aplaudimos porque foi positiva naquele momento da nossa vida.

A série *Transparent* tem uma cena magnífica: a filha chega com uma amiga de infância na casa dos pais. O pai está pensando em fazer uma reforma, a amiga é decoradora de interiores e a filha quer lhe pedir alguns conselhos. Elas chegam sem avisar e entram pela porta dos fundos da casa. A filha pensa que não tem ninguém por lá, mas sabe que a porta de correr do dormitório do pai está sempre aberta. E dessa vez não é diferente. As amigas entram, trocam algumas frases, começam a flertar (está claro que, no passado, tiveram uma aventura) e, após alguns minutos, começam a se beijar. E aí aparece o pai, só que seu cabelo comprido está solto, não preso em um rabo de cavalo como sempre. Ele veste uma blusa com estampa de flores, um colar azul e usa batom de cor cereja. Após uns segundos de confusão, a amiga da filha diz: "Sr. Pfefferman! O senhor está ótimo." Mas a filha não gosta do que vê. "Pai, que roupa é essa?", ela pergunta, confusa, com certo tom de desaprovação. "Preciso te contar uma coisa", diz o pai com grande dificuldade. "Desde pequeno, sempre senti que algo estava errado. Eu não podia falar com ninguém sobre o meu lado feminino. Eram outros tempos. Vivíamos uma vida dupla, muito solitária." A filha tem dificuldades para escutar aquilo e interrompe o pai: "Me ajude a entender tudo isso. Você está dizendo que agora vai se vestir de mulher o tempo todo?" O pai, chorando ou rindo – ou as duas coisas ao mesmo tempo –, responde: "Não, querida. Até agora, sempre me vesti de homem."

A maioria das pessoas não precisa enfrentar uma decisão tão dramática. Ser você mesmo sob o risco de ser rejeitado, de se transformar em objeto de escárnio e possível violência, só porque alguns não entendem que outras pessoas não são iguais a eles? Ou viver o resto da vida fingindo, escondendo-se, usando uma máscara? Para a maioria de nós, é mais fácil que isso, pois não nos vemos obrigadas a escolher entre as expectativas impostas por um mundo heteronormativo e a fidelidade a nós mesmas. Nossas "excentricidades" e "rebeldias" fazem, no máximo, com que alguém levante uma sobrancelha ou dê de ombros. Sair de casa sem sutiã. Pintar o cabelo de azul. Não porque está na moda, mas porque queremos. Porque o disfarce que usávamos antes começa a nos incomodar. Porque começamos a entender que viver a vida de outra pessoa não traz felicidade.

"Diga sua verdade de maneira calma e clara"

Certas vezes, a Adulta cita o poema "Desiderata". O texto, supostamente datado de 1692 e encontrado na Igreja de São Paulo, em Baltimore, na verdade é do século XX e foi escrito pelo poeta Max Ehrmann. Ele ressoa com o que a Adulta já sabe. Quando nos enraizamos em nossa própria vida, quando começamos a prestar atenção no que a Terna Companheira diz, quando tiramos o controle – infundido de medo – das mãos da nossa Rainha da Neve, nos tornamos mais calmas e ficamos mais seguras do nosso valor.

Não se trata de nos sentirmos ótimas do nada, de nos sentirmos melhores do que os demais, especiais ou até mais especiais do que os demais. Nós simplesmente vemos que contribuímos com o mundo e que está tudo bem conosco. Não se trata de, toda manhã, repetir ao nosso reflexo no espelho que somos maravilhosas. Do meu ponto de vista, isso é apenas um triste reverso da sensação de que não temos jeito. Às vezes, oscilamos entre esses dois polos. Um dia você "não tem jeito" e no dia seguinte se sente "maravilhosa". Nos dois estados, se esconde a mesma angústia.

Há algum tempo, ministrei uma oficina para diretoras de bibliotecas. O programa incluía exercícios de autoapresentação. O primeiro consistia em cada participante se levantar, dizer como se chamava, de onde vinha e acrescentar uma frase sobre si mesma. Nada mais. Eram mulheres maravilhosas, inteligentes, adultas. E, ainda assim, para 90% delas, essa tarefa era muito difícil, quase impossível.

"Não existe outra maneira de ser corajoso do que ser corajoso", disse Brené Brown (ou Aristóteles, as fontes discordam entre si). Eu gosto da palavra inglesa *couraging* – o ato de ter coragem. A coragem é uma ação, não um estado de ânimo ou uma emoção. Não vamos acordar valentes na quinta-feira se na quarta-feira fomos dormir com medo. Não é isso.

Cheguei a um ponto em que praticamente já não tenho medo de falar em público: não me assusta dar um discurso diante de um grupo ou pedir a palavra. Por quê? Não porque eu tenha mais a dizer do que as minhas colegas mais tímidas. A verdade é simples: faz vinte anos que me coloco diante das pessoas, falo com elas e as escuto. Estou acostumada. Eu me lembro de quando, ainda estudante, ia dar minha primeira oficina para diretores, mas acordei completamente afônica. Não estava com a voz rouca, eu realmente não conseguia pronunciar nem uma palavra (como aconteceu mais tarde em Gaza, mas por outras razões). Um professor da minha universidade, o que tinha proposto essa colaboração, me deu um sábio conselho: que eu desse o curso sussurrando. Na segunda metade do dia, quando meu estresse já tinha diminuído, recuperei a voz. Desde aquele dia, passaram-se muitos anos e centenas de cursos. Gostando ou não, fui exercitando esse músculo semana após semana, por isso hoje ele está forte. A coisa é simples, ainda que não necessariamente fácil.

Não seja covarde, irmã. Faça com medo mesmo. Pratique dizer o que você pensa. Pratique falar bem de si mesma. Daqui a pouco, você verá que o medo diminuiu. Sim, porque, como disse Daryl Bem, quando você começar a ter iniciativa, a sua opinião sobre si mesma se encaixará com a pessoa que você vê no espelho. Você verá uma mulher que diz o que pensa com calma, não uma menina sentada num canto. Somos adultas. Temos nossas debilidades e nossas conquistas.

Eleanor Roosevelt disse que ganhamos força, coragem e confiança toda vez que olhamos nosso medo nos olhos. Você tem medo e faz – levanta a mão durante a reunião, dirige em uma noite de inverno, escreve os primeiros caracteres numa página em branco... Todas essas pequenas coisas vão construindo quem você é, reforçando a Adulta no comando. "*Couraging, couraging*", vai repetindo a Terna Companheira na sua cabeça.

Siga seu próprio ritmo

A Adulta me disse isso quando perguntei se em geral era necessário desacelerar um pouco. Quando comecei a pensar no assunto, cheguei à conclusão de que nem sempre é necessário (ainda que com frequência, sim). Nossa pressa costuma ser motivada pelo medo, com essa sensação de que, se eu diminuir o ritmo, vou cair – como alguém que deixasse de mexer as pernas em uma esteira ergométrica. Nosso "vamos, vamos" repetido diariamente aos nossos filhos enquanto se vestem ou comem, repetido a nós mesmas enquanto nos vestimos ou comemos; nosso GPS interno e externo que procura sempre o caminho mais curto... Será que isso nos faz bem? Eu sei que a minha Menina Selvagem não suporta a pressa e, ainda assim, eu a pressiono bastante e com frequência. Muitas vezes sem necessidade.

Desde que passei a ficar atenta a isso, diminuí muito meu ritmo. E me surpreendi ao ver que seguia dando conta de tudo, mesmo adotando um ritmo tão mais lento. E tem mais: quando paro um momento e respiro um pouco, quando escolho o caminho mais longo no parque, quando paro para olhar a cor do céu ou uma plantinha que cresce ao lado da trilha, eu não perco tempo. Eu não me torno menos eficiente; ao contrário, eu ganho a sensação de ser humana, não uma máquina alimentada por baterias que (como os coelhos daquele comercial da TV) precisa funcionar o maior tempo possível e o mais rápido possível. Uma mulher adulta, fiel ao seu ritmo interno, que às vezes acelera e às vezes diminui.

Da Sofredora à Amável

A Sofredora, transformada pelo olhar amoroso da Terna Companheira, se converte na Amável. Eu escuto o que ela tem a me dizer. E fico surpresa ao ver que ela começa com:

Receba

Em plena pandemia (no primeiro semestre de 2020, enquanto escrevo estas palavras – é provável que você, que está lendo, saiba mais sobre ela do que eu), não é permitido que os homens poloneses participem do parto da esposa. As fissuras criadas por essa situação nunca serão completamente conhecidas nem poderão ser calculadas.

No entanto, uma mulher resolveu correr em busca de algo que tinha grande importância para ela. "Meu desejo mais profundo é ter nosso filho em casa", escreveu, no Facebook, Martyna Kempa, hoje mãe de dois filhos. "A gente acreditou que poderia ter esse 'luxo', mas o senhor coronavírus arruinou nossos planos. Neste momento, o dinheiro está contado, e conseguir economizar a quantia necessária parece um milagre. É uma bênção ter, no meu entorno, gente boa que me dá ideias que eu nunca poderia ter sozinha (...). Eu ouvia uma voz que sussurrava: 'Que ideia é essa? Quem vai lhe dar dinheiro para uma necessidade tão egoísta? É um absurdo! Você devia sentir vergonha!' Mas mesmo assim resolvi tentar." Cinco horas mais tarde, Martyna já tinha o dinheiro de que precisava na conta, e três meses depois Max chegou ao mundo. Na casa dela.

Será que podemos simplesmente fincar o pé e pedir algo? "Não pega mal? É adequado fazer isso? Não deveríamos sentir vergonha?" A Sofredora me sussurra tudo isso ao ouvido. Para ela, pedir ajuda seria como fazer um gol contra, que iria desequilibrar sua conta de danos sofridos, ou seja, seu capital básico. Quando quero demonstrar ao mundo quanto ele me deve, não reduzo a dívida pedindo favores ou qualquer outra coisa. A Sofredora prefere estar morta a pedir apoio.

Com a Amável é outra história. Ela diz "Pegue", pois seu mundo é um mundo de abundância. Nele, você se senta a uma mesa repleta de iguarias, e sempre tem comida suficiente para todo mundo. As pessoas ao seu lado são bondosas: estão dispostas a oferecer. A oferecer dinheiro para um parto doméstico, para a comida quando passamos fome, atenção quando telefonamos à noite para conversar. Quando uma pessoa oferece, a outra recebe. A Amável é receptiva. Deixa para trás o jogo preferido da Sofredora: o jogo de quem aguenta mais. "Eu vou aguentar!", diz uma mulher ao receber sua sogra, que chega sem avisar dizendo que "não vai ficar muito tempo". "Vou aguentar", diz outra, trincando os dentes quando alguém joga um projeto no colo dela sem pedir sua opinião. "Não aguentei...", foi o que me disse uma das minhas clientes, com muito pesar. Ela tinha acabado de sair da casa da mãe, que passara horas lançando indiretas exigindo que a filha se transformasse em uma pessoa diferente.

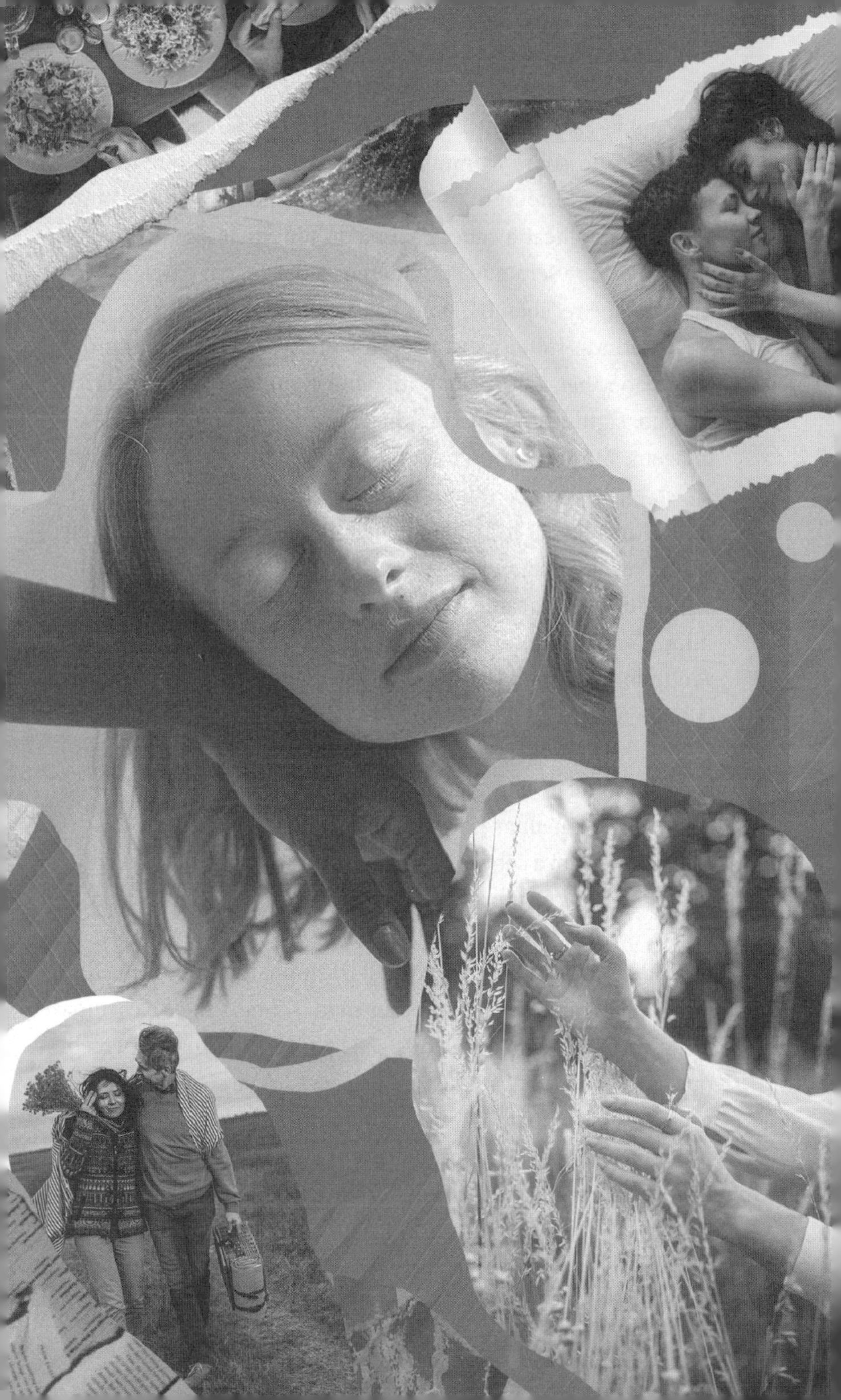

Meninas, por que insistimos em aguentar? Em nome do quê?

No sonho sobre as mulheres debaixo da água que descrevi no início deste livro, não podíamos emergir para respirar. Para mim, colocar a cabeça acima da superfície significa pedir ajuda. Por que será que aprendemos a dar (e, em geral, damos mais do que recebemos), mas não sabemos receber?

Refletindo sobre meus próprios motivos, acho que um deles é não saber admitir que me falta alguma coisa. Se preciso de algo, significa que não tenho, e acabo perdendo pontos de imagem. O que Rumi chamou de "segredo às claras" – *open secret*, esse horroroso fingimento de que temos tudo sob controle – nos leva a ficar em silêncio quando deveríamos pedir ajuda. Pegar o telefone e ligar para uma amiga quando estou me sentindo verdadeiramente mal continua sendo um desafio para mim. "Você está podendo falar? Eu preciso de você. Estou me sentindo péssima." Mas supero esse desafio para ser bondosa comigo mesma.

No meu caso, receber de outras mulheres se transformou em uma fonte de energia muito importante. Quando penso no que me fez trabalhar por isso de maneira consciente, duas situações me vêm à cabeça. A primeira é a seguinte: durante muitos anos, junto à empresa de formação House of Skills, ofereço cursos de comunicação, cooperação ou liderança em empresas. Quando entro em uma sala de aula, sempre tenho à minha disposição uma caixa com materiais para o curso (entre eles, uma pasta vermelha com a lista de participantes). Certo dia, percebi que, de maneira automática, eu pegava a lista e contava quantas mulheres participariam. E percebi também que fazia isso havia um bom tempo. Nos poucos dias em que a lista era constituída apenas de mulheres, eu sentia uma felicidade imensa. O que essa reação poderia significar? A maior parte das pessoas ao meu redor é composta por homens, eu me sinto bem na companhia deles e, sem dúvida, não tenho nada contra a inclusão de participantes do sexo masculino nos meus cursos. Mas, ainda assim, eu ansiava pela companhia de mulheres.

A segunda pista chegou em forma de assombro. Marquei hora com uma mulher de Varsóvia para uma sessão quase terapêutica. Digo "quase" porque Tatiana desenvolvia um misto de terapia, trabalho corporal e uma espécie de feitiçaria muito particular. O consultório dela ficava no porão de um edifício antigo. Nas paredes estavam dependurados tapetes kilim coloridos. O ar mudou quando ela entrou, com sua calça jeans, uma camiseta com um pássaro selvagem estampado, um lindo cabelo ruivo e sandálias. Ou talvez estivesse descalça? Eu não lembro, mas ela entrou e começou a cantarolar. Depois acendeu um pedaço de madeira aromática que encheu aquele espaço com um cheiro de resina e especiarias. Eu observava aquela mulher que se mexia, falava e ria de um jeito muito diferente de mim, como se o fizesse a partir de um lugar pelo qual eu ansiava, mesmo sem ter palavras para descrevê-lo. Tatiana atravessara uma fronteira que eu, naquela época, não conseguia atravessar. Era como se ela se movesse em outro ar, em um ar com mais liberdade.

A sessão foi muito boa, mas o melhor aconteceu quando eu já tinha saído de lá: o assombro. Era como se o assombro preenchesse cada célula do meu corpo. Depois de ter passado horas naquele espaço extraordinário, saí à rua e escutei algo ou alguém fazendo as seguintes perguntas: "Por que estou calçando sapatos, e não andando descalça? Por que tem prédios aqui, e não um bosque? Por que estou caminhando, e não dançando?" Eu escutei essa voz, mas hoje não sei ao certo de onde vinha. Ela parecia a voz de alguém que tinha acordado em um mundo completamente diferente do mundo em que dormira, e eu não entendia o que estava acontecendo. Eu sabia (e sentia) que era uma voz importante e também que deveria me lembrar daquela sensação, pois ela me guiaria.

No poema "Assombro", Wisława Szymborska escreve:

Por que tanto uma pessoa?
Esta e não outra?
E o que faço aqui? Nesta terça-feira?
Em casa, e não em um ninho?
Na pele, e não em uma casca? Com um rosto, e não uma folha?
Por que só uma vez pessoalmente?
Precisamente na terra? Junto à pequena estrela?
Depois de tantas eras de ausência?

Eu experimentei uma sensação parecida. Quando comecei a segui-la, entendi as dimensões das concessões cotidianas que eu fazia – ou melhor, que eu estava exigindo ao meu eu interior que Clarissa Pinkola Estés chama de "Mulher Selvagem". Ela queria caminhar descalça, dançar, cantar, sentar-se junto a outras mulheres ao luar. E eu só me dedicava a projetar slides em salas de aula, vestindo um terninho. E ela me perguntava: "Como? O que você está fazendo aqui? O que nós estamos fazendo aqui, neste mundo de RGs e CPFs, planilhas, objetivos, estacionamentos subterrâneos, shoppings e quartos de hotel estéreis com vista para bairros cinzentos?"

Esse assombro e aquele reflexo de contar as mulheres nas listas de participantes dos meus cursos me levaram a tomar uma decisão: "Vou trabalhar por isso de maneira consciente, buscar aquela energia de Tatiana porque sinto uma falta enorme dela. Vou nutri-la, vou recebê-la." Foi assim que cheguei aos círculos de mulheres: encontros cíclicos de poucas horas nas quais mulheres (muitas vezes que não se conhecem) conversam entre si de uma maneira que me parece muito enriquecedora. "No círculo, escutamos todas as vozes", diz uma das regras. "No círculo, ninguém é superior ou inferior. No círculo, todas são iguais. O círculo é um lugar de Força tranquila." Se você já participou de um círculo de mulheres conduzido por uma mulher sábia, com certeza já experimentou a força dessas regras. Sabe como é grande e dolorosa a diferença entre elas e a maneira como as conversas se desenvolvem em nossos escritórios e até em casa! A cordialidade que emana de um círculo nos dá muita força. E depois nos permite, mais tarde, energizar outras pessoas com essa mesma cordialidade.

Eu comecei a participar desses círculos e, em poucos meses, tive uma ideia maluca: "Se estou com tanta sede desse tipo de comunidade, por que não crio uma?" Duas semanas depois, na sala de reunião em que eu estava, entrou aquela mulher que queria se sentar vendo o céu – e assim nasceu dentro de mim o programa Meu Próprio Quarto (que consiste em oficinas que ofereço uma vez ao mês). E em todas as suas edições vivencio na pele quão nutritiva é essa energia de bondade, cordialidade, sagacidade e amor que as mulheres conhecem e querem compartilhar.

Essa é a mesma energia das reuniões de amigas (as chamadas "noites de meninas"), de viagens só com mulheres, de reencontros após muitos anos. Mas o que me parece mais comovente é que mulheres desconhecidas tenham a capacidade de formar uma teia, um tecido desse tipo, em questão de minutos.

E agora quero me dirigir a quem está lendo este livro: se as minhas palavras ressoam em você, ainda que só um pouco, siga esse impulso. Eu tenho certeza de que, no seu bairro, no local onde você mora, existe algum círculo de mulheres. E, se esse ambiente não serve para você (se, por exemplo, você detesta essa ideia), procure outra maneira de contribuir para compensar a energia masculina que predomina no mundo. Alimente-se quando sentir fome. Receba se quiser ter algo a oferecer aos demais.

Conheça e comunique seus limites

Quando encontrarmos nosso âmago e tocarmos nosso amor por nós mesmas, quando nos dermos o direito de dispor de um espaço próprio e, nesse espaço, aprendermos a nos perguntar o que necessitamos, o que nos nutre e o que rouba nossas forças, ainda nos restará a tarefa diária de cuidar dos nossos níveis de energia. Ao contrário do que costumamos acreditar, nossas reservas de energia são limitadas. Elas são, e vou recorrer a uma metáfora nada romântica, como um tanque com uma quantidade limitada de combustível. Ainda que muitas mulheres tentem dirigir com o tanque na reserva, a verdade é que, de onde não tem nada, não podemos tirar nada.

A Sofredora não respeita seus próprios limites. Já a Amável, que cuida da qualidade dos seus relacionamentos, sente-se tranquila o suficiente por dentro para saber que o mundo vai esperar por ela enquanto ela se regenera. Uma excelente massagista de Cracóvia, que trabalha com o método de um médico alemão, o dr. Simeon Pressel, certa vez me contou que Pressel garantia que a saúde era questão de moralidade. Eu gostei dessa visão. Cuidar da própria saúde, entendendo-a não apenas a partir de indicadores físicos adequados, mas também a partir do que costumamos chamar de "bem-estar" – essa é uma questão de moralidade.

Para cuidar da sua saúde, o primeiro passo é aprender a reconhecer seus limites. Costumamos empregar a expressão "impor limites", mas eu acho que ela pode levar a mal-entendidos. Nossos limites existem por si mesmos. Segundo Brené Brown, eles definem o que é aceitável para nós, não o que é inaceitável. Não é um muro que você precise primeiro construir para, depois, anunciar ao mundo: "Vejam, aqui está o meu muro, não passe para o outro lado." Você já tem os seus limites, mesmo não sendo totalmente consciente deles. Se nos sentássemos em um café e, sem estarmos num relacionamento romântico, eu aproximasse o meu rosto a 2 centímetros do seu, com certeza estaria ultrapassando seus limites. Se a sua chefe ou o seu chefe ligasse às dez da noite para comentar que a fonte que você usou na apresentação para a direção da empresa não é a correta, essa pessoa estaria ultrapassando os seus limites. Algumas coisas são universais, mas muitos limites são individuais: eu não tenho como saber o que você considera inaceitável e você não tem como saber o que eu considero.

No entanto, para dizer ao mundo quais são os meus limites, primeiro tenho que descobrir quais eles são, certo?

Devo admitir que sou uma mulher louca por séries, e sei disso graças a um aplicativo que instalei para me manter atualizada nessa complexa realidade de séries que voltam a ser produzidas, das que são canceladas, de datas de estreia de novas temporadas, etc. De acordo com esse aplicativo, eu passei três meses e dez horas vendo séries (quando você estiver lendo isso, com certeza já terei passado muito mais tempo). Pior: eu não revelei toda a verdade ao aplicativo porque não marquei tudo que vejo. Na lista das minhas séries preferidas (o aplicativo nos pede para marcá-las, com uma mensagem empática: "A gente sabe como é difícil") está *Big Little Lies*. E uma das cenas mais emocionantes é o momento em que a protagonista, interpretada por Nicole Kidman, vítima de violência doméstica, enfrenta uma decisão dramática em uma sessão de terapia: "Eu sou forte o suficiente para encarar o que está acontecendo comigo? Tenho coragem de chamar isso de 'violência'?"

Como *Big Little Lies* é uma ótima série, a realidade que ela nos mostra é (como diria Susan Scott, autora de *Fierce Conversations*) "irremediavelmente complexa". A personagem Celeste, interpretada por Nicole Kidman, tem diversos argumentos para alimentar seus mecanismos de defesa. Mas eles, no entanto, reforçam sua ilusão de que nada grave está acontecendo, ou seja, nada "tão grave" que a faça deixar seu marido violento. "Ele é um ótimo pai", explica ela com grande convicção à sua terapeuta. "É um pai maravilhoso. Nem consigo imaginar outro melhor. Sou loucamente apaixonada por ele. E ele é louco por mim. Me trata como uma deusa." A terapeuta responde: "Quando não bate em você." Celeste torna a dizer: "É um pai maravilhoso. O sexo é incrível. Rimos muito juntos..." A terapeuta se remexe na poltrona. "Sim, às vezes a violência acontece", acrescenta Celeste, empregando uma forma impessoal, como se a violência fosse como a chuva, que simplesmente cai, sem podermos fazer nada. Como se não existisse um culpado, um responsável: a violência é algo que às vezes acontece.

Na temporada seguinte, a mesma terapeuta diz à Celeste: "Tente se lembrar dessas situações nas quais você vivenciou a violência. Por exemplo, no closet, depois da festa de Natal da empresa do seu marido." Celeste suspira e fica agitada, desconfortável. E a terapeuta continua: "Feche os olhos e volte àquele momento." Celeste faz uma careta: "Eu prefiro não fazer isso." A terapeuta insiste: "Experimente. Feche os olhos. Reviva aquela noite." Celeste se remexe com nervosismo, volta a suspirar e, no final das contas, fecha os olhos. Ela balança a cabeça. Nos seus olhos, surgem algumas lágrimas. Agora vemos o que ela vê: o rosto furioso do marido, a poucos centímetros do seu. Com uma das mãos, ele aperta o pescoço dela por trás e com a outra tapa sua boca. E a joga no chão. Celeste abre os olhos, nega com a cabeça, assoa o nariz. Ela acha que o "exercício" terminou, mas a terapeuta ainda não acabou. "Agora coloque uma amiga no seu lugar. A Madeline, por exemplo." Celeste protesta. "Não consigo." A terapeuta repete: "Vamos colocar a Madeline no seu lugar." Celeste começa a chorar imediatamente. Abaixa a cabeça, fecha os olhos.

Vemos Madeline (Reese Witherspoon): mãos masculinas ao redor do pescoço dela, o rosto do marido de Celeste transfigurado pelo ódio. Madeline se retorcendo no chão, seus gritos, os golpes que recebe no estômago. De dentro dela nasce um grito profundo. "Não!", grita Celeste para cessar o ataque. "Não!", repete, e não há súplica, perdão nem fragilidade, mas apenas uma enorme força. "Não!" Com os olhos fechados, ela dá um murro na mesa à sua frente. Abre os olhos, seca as lágrimas e se levanta. "A Madeline merece isso?", pergunta a terapeuta, em voz baixa. "Ela deve continuar nesse relacionamento?"

Por alguma triste razão (e não por alguma nobreza inata), muitas vezes precisamos imaginar outra pessoa em uma situação similar para chorar por nós mesmas, para dizer a nós mesmas que isso não é legal, que não pode ser assim. Uma mulher que sofreu abusos sexuais fica em silêncio durante mais de dez anos, até que sua filha pisa na mesma igreja onde ela foi abusada pelo padre em plena sacristia. Uma atriz submetida a abusos durante anos, por parte de um diretor de teatro, aguenta em silêncio até ficar sabendo que a mesma coisa aconteceu com suas amigas. Alina Kamińska, uma das atrizes polonesas que decidiram romper um longo silêncio sobre os abusos sofridos no teatro Bagatela, de Cracóvia, disse a uma revista que a vontade de revelar anos de violência sexual surgiu após receber uma mensagem de suas amigas pedindo para conversar com ela. Quando se encontraram, ela escutou: "Ou você nos ajuda ou ninguém mais fará isso." Apesar de ter sofrido abuso na própria pele durante anos, o que a fez tomar uma decisão foi o pedido de ajuda de outras pessoas.

Romper o silêncio em uma situação de violência é sempre um ato heroico; manter o silêncio é trágico. As pessoas que sofrem violência enfrentam essa escolha, não existe meio-termo. Embora eu e todas vocês tenhamos o sonho de viver em um mundo no qual nossos limites não corram risco de serem invadidos pela violência, muitas mulheres estão nessa encruzilhada. Mesmo que sejamos capazes de escapar da violência, ainda assim precisamos reconhecer e comunicar nossos limites.

Diga "não"

Infelizmente, nosso trabalho não acaba no momento em que percebemos que alguém está fazendo algo que não consideramos aceitável (embora esse momento seja um requisito indispensável). A Mulher Amável dá quando quer dar (e concorda quando quer), mas não oferece o que não tem. Ela não apenas reconhece seus limites como os comunica. "Aqui você pode entrar. Aqui não." "Não podemos conversar agora. Eu telefono daqui a uma hora." "Não vou fazer essa apresentação porque não trabalho nos fins de semana." "Isso sim, mas isto não."

A Sofredora não pronuncia a palavra "não" porque: 1) tem medo de, ao se recusar a alguma coisa, perder a aprovação;

2) tem medo de perder o poder que ela tem por se sacrificar pelos outros e colocá-los em dívida com ela. A Amável, por sua vez, que encontra em sua paisagem interior o apoio da Terna Companheira, tem a coragem de dizer "não".

E, mesmo não tendo, tem a determinação de tentar.

Diga "não". Levante a cabeça deste livro e diga, em voz alta: "Não." Veja o que acontece no seu corpo. Escute o tom que você emprega ao dizer isso. Costumamos oscilar entre dois extremos. Ou pronunciamos nosso "não" com o tom da Submissa, um tom de súplica, pedindo perdão por cada uma dessas três letras, ou fazemos o oposto e introduzimos milhares de exclamações ao final, como se quiséssemos encaixar nelas todas as vezes que sentimos vontade de recusar, mas não nos sentíamos preparadas para fazer isso. Precisamos encontrar um caminho do meio, e peço sua licença para escrever de maneira mais solene: o Caminho do Meio. Esse lugar adulto, tranquilo, insubmisso, não agressivo no qual eu tenho o direito de dizer "não" e o outro deve respeitar esse "não". Assim como o outro tem direito a dizer esse "não", e eu, de maneira recíproca, sou obrigada a aceitá-lo.

Existem várias maneiras de praticar isso. O primordial, ao meu modo de ver, é nos sentirmos internamente dispostas a estar no mundo com uma postura decidida. "Não vou cozinhar porque preciso sair." "Não vou a essa reunião porque tenho outros planos." "Não vou comer esse biscoito porque não como biscoito." Para poder dizer isso com calma, vale a pena perceber que o mundo não vai acabar, que nada de terrível vai acontecer, que o sol nascerá amanhã. Alguém faz uma pergunta e você responde. A sua recusa ou qualquer outra mensagem cujo objetivo seja comunicar o seu limite não será a última interação entre vocês. O mundo vai aguentar o seu "não" muito melhor do que o seu medo está tentando fazê-la acreditar.

Eu me lembro de alguns exercícios que fiz para aprender a comunicar meus limites. Fiz vários, mas um deles me marcou. Foi durante meu estágio em um gabinete parlamentar, quando eu ainda era estudante. Alguns meses antes, graças à recomendação do meu querido professor de russo (o idioma da minha alma!), eu tinha aprendido a datilografar sem olhar para as teclas. Sim, querida leitora, em uma máquina de escrever, na qual os dedos saltam entre dois andares de letras, dessas que podemos encontrar em museus ou lojas de antiguidades. Mas eu logo passei a usar computador. Era mais fácil, os dedos não precisavam dançar entre dois andares, eu os usava como uso agora. E tinha um grande livro com exercícios: primeiro aprendíamos a fileira do meio, depois uma combinação das palavras que poderiam ser criadas usando as letras dessa fileira. Isso feito, eu incluía letras da fila superior; depois da fila inferior, e por último os números, mas não cheguei neles. Eu gostava desse exercício: a minha ambição se alegra com progressos, e uma parte de mim sentia prazer em se comunicar com o meu corpo, dedo após dedo, ensinando-os esses movimentos e vendo que eles faziam o que eu pedia, vendo como são aplicados.

Passadas umas duas semanas de treinamento intenso, eu estava pronta, sabia escrever olhando só para a tela. No gabinete parlamentar, eu era um verdadeiro espetáculo, pois naquela época remota nem todo mundo sabia usar um computador, e quem sabia catava milho procurando as letras. Durante vários dias, acontecia o seguinte: toda hora, alguém me procurava com um pedido muito educado: "Natalia, querida, você pode digitar esta página curtinha para mim, né?" (Sim, as pessoas escreviam à mão.) Perceba quantas micromanipulações foram empregadas com destreza em uma única frase. Primeiro, eu sou uma "querida" (uma pessoa boa, amável e sorridente). Robert B. Cialdini, em seu livro *As armas da persuasão*, classifica essa regra como "compromisso e coerência": se você comunicar a uma pessoa que ela é generosa, ela lhe emprestará dinheiro com mais facilidade; se você comunicar que ela é amável, ela terá mais dificuldade em negar alguma coisa... Em segundo lugar, era uma "página curtinha", não uma "página", como se uma "página curtinha" fosse mais breve que uma "página". E não podemos nos esquecer do "né?". Ele torna bem mais difícil dizer: "Não posso." Você pode ter vivido uma situação similar ao ver um vendedor dizer a potenciais clientes algo bom sobre um produto, fazendo que sim com a cabeça, como se estivesse induzindo o outro a concordar. E, com certeza, também deve ter vivido isso quando alguém lhe disse "Meu amor, você vai preparar o nosso café, né?" ou "Eu sei que já é muito tarde, mas você não vai me negar uma omelete deliciosa, né?".

Eu escutava esses pedidos quase carinhosos e, num primeiro momento, aceitava essas "pequenas páginas" e digitava "rapidinho". Afinal de contas, eu era uma "querida". Mas não, eu não era (e continuo não sendo), e logo depois o tempo fechou e eu aprendi exercícios de assertividade no melhor estilo de guerrilha. Percebi que eu precisava de duas frases: uma para recusar e outra para enfatizar a recusa. Como percebi mais tarde, era algo bem próximo à técnica clássica de recusa assertiva. Tudo começa com um "não" dito de forma "decidida, educada e sem medo". Depois vem o elemento que (como pude comprovar centenas de vezes em sessões de treinamento) costuma fazer a pessoa desistir: recomenda-se dizer que você "não vai fazer algo", não que "não pode". Por exemplo, em vez de dizer "Eu não posso digitar essa pequena página (de merda)", o melhor é dizer diretamente: "Não vou digitar." A diferença é significativa, pois dizer "não posso" nos catapulta ao mundo da

Submissa, que assumiria o trabalho de bom grado e digitaria a página no computador, prepararia o café, faria anotações (porque tem uma letra linda), mas, infelizmente, não pode fazer isso. Essa expressão também incentiva o outro a tentar negociar. Essa pessoa estará disposta a criar condições externas para que você possa fazer o que ela pede. "Você não poderia ficar até um pouco mais tarde? O que precisaria acontecer para que você pudesse?" Eis as perguntas empregadas pelos espertinhos que conheceram esse método em algum curso de formação organizado pela gerência da empresa onde trabalham. O segredo, porém, está em armar-se de coragem para dizer algo que não inclua o tal "não posso". "Não vou digitar." "Não vou ficar até mais tarde." "Não vou cuidar da sua filha neste fim de semana." Depois, de acordo com o modelo, vem uma justificativa curta. Não um argumento; uma justificativa. Um argumento a obriga a entrar na negociação e tentar convencer o outro a liberar você da demanda dele. Com a justificativa é outra história. Você só precisa pronunciá-la e ponto-final. "Não vou ficar até mais tarde. Tenho um compromisso." "Não vou cuidar da sua filha. Vou viajar." "Não vou digitar. Tenho outras coisas para fazer." "Não vou cozinhar hoje. Marquei de encontrar umas amigas."

Mas essas são meras tecnicalidades, uma casa sem alicerce. O alicerce é o sentimento de que você tem, sim, o direito de dizer "não". A Amável diz "não" e diz "sim", decidindo a cada situação o que quer fazer. "Quero preparar ovos mexidos para a família inteira?" "Será que vou escrever o relatório na sexta-feira à tarde?" "Vou visitar meus sogros no fim de semana?" A Amável procura a resposta dentro de si e responde de acordo com a sua verdade interior. Não tem medo de deixar de ser amada e respeitada por causa de um "não". É a Sofredora que, por culpa do medo, faz tudo o que lhe é pedido (e até o que ela imagina que alguém pediria) só para se manter no jogo, para garantir o amor do mundo e para fugir de uma possível desaprovação. A Amável não quer participar desse jogo.

"Não vou digitar. Tenho outras coisas para fazer." Depois, quando ganhei mais confiança: "Não vou digitar. Na verdade, não gosto de fazer isso." Essa foi a versão mais radical. Algumas pessoas se sentiam mal por terem me pedido e nunca mais tentavam. Outras, após uma nova tentativa, se davam por vencidas. Mas também havia pessoas que insistiam que o sol não voltaria a brilhar e que o mundo acabaria se eu não digitasse aquela "pequena página" para eles. Seria "rapidinho".

Foi um bom exercício: difícil o suficiente para fortalecer o "músculo" de comunicar meus limites, mas fácil o bastante para que não fosse impraticável. Mais tarde, acabou sendo útil para mim em situações mais complicadas. Não sei muito bem por quê, mas suspeito que os exercícios mais cruciais são os que praticamos diariamente, os que acabam se tornando um hábito.

A Amável diz "não" com calma, sem agressividade: faz uso de seu direito de comunicar seus limites. Claro que também existem os que os negam obstinadamente. Da mesma forma que, entre os que escutavam minha negativa de digitar sua "pequena página", alguns recebiam a resposta com calma e outros me transmitiam sua desaprovação. Nesses casos, alguns erguem as sobrancelhas, um colega gerente faz uma pausa significativa, seu filho bate a porta, sua mãe responde com o discurso de sempre para você se sentir culpada.

E esse é um momento crucial.

Certo dia, minha maravilhosa tia Magdalena dividiu comigo uma observação muito sutil: "Se você resolveu fazer dez agachamentos, vai se cansar depois do nono. Se decidiu fazer vinte, vai se cansar lá pelo décimo oitavo." Ainda que essas estimativas específicas pareçam muito otimistas, eu acredito nessa regra. Vale a pena avaliar bem os recursos energéticos exigidos por cada situação. Ao nos prepararmos para a difícil tarefa de comunicar nosso limite (mesmo se tratando da terrível recusa em pegar a filha nas aulas de robótica), em geral reunimos forças não em uma única "rodada", mas normalmente são necessárias duas ou três. Quando dizemos "não" e do outro lado vem a pressão (uma demonstração clara de que essa pessoa não quer respeitar o nosso "não"), costumamos perder nossa força e recuar. Uma sobrancelha erguida, um discurso que nos faz sentir culpa, um olhar de reprovação – tudo isso é suficiente para fazer a Sofredora tomar as rédeas e afastar a Amável. "Claro, nesse caso, eu vou te ajudar...", diz ela. E sentimos que voltamos a nos encolher, nos tornamos menores porque entregamos o controle a essa parte de nós que não se preocupa com o nosso bem-estar.

Por isso é tão importante distribuir bem suas forças. Ao comunicar o seu "não", sempre considere bem provável que você vá se deparar com um protesto. Que, ao não permitir que mudem a sua opinião, você repetirá o "não". E, se necessário, repetirá uma terceira vez. Se fizer isso com calma, não haverá uma quarta. As pessoas mais insistentes vão tentar três vezes, no máximo.

Falando em termos mais técnicos, você estará empregando a magnífica técnica de assertividade chamada "disco arranhado": simplesmente repetindo a mesma frase que disse antes, pois a outra pessoa não escutou. "Como eu já disse: não vou lhe emprestar dinheiro." "Como eu já disse: não acho aceitável você esperar que eu responda aos seus e-mails à noite." O segredo está em não modificar a frase, não agregar novos elementos e não se deixar cair em nenhuma provocação. Simplesmente aperte o *play* de novo e de novo. Com certeza, a sua Sofredora, fazendo coro com a Submissa, estará se queixando baixinho: "Mas por que eu tenho que repetir isso como se fosse um papagaio? Não responder ao que nos perguntam é falta de educação." Isso tudo nos bastidores. No palco, você simplesmente diz o que a Amável quer dizer. "Lembre-se: ao dizer 'não', você abre espaço para um 'sim' sincero", insiste a Terna Companheira.

Funciona. Experimente.

Diga "sim"

Certa vez, Brené Brown disse que, desde que passou a comunicar seus limites de maneira clara, talvez não seja mais tão "legal" quanto antes, mas é muito mais amorosa. Nosso "não" nos beneficia, nos sentimos bem quando recorremos a ele, mas ele também beneficia os outros. Eu considero esse um ponto fundamental, um alento profundo que fortalece a Amável.

Quando a Amável oferece é porque tem algo a oferecer e porque quer. Como não se "sacrifica", ela tem a energia para oferecer de bom grado. Quem recebe algo dela se sente presenteado, não chantageado por sua falsa bondade. Nosso "não" e nosso "sim" estão interligados: um não existe sem o outro. O "sim" só é repetido constantemente ao mundo graças ao "não" que repetimos para nós mesmas. Ou melhor, para a Menina Selvagem que arrastamos conosco, cansada e triste. Nosso "não" serve ao nosso "sim" (eu lembro à Terna Companheira que já escrevi isso, mas ela insiste que devo repetir). Só então podemos preparar com amor um jantar para nossos amigos, oferecer um buquê de flores colhidas em um campo para a nossa mãe ou brindar nosso companheiro ou companheira com atenção e carinho.

A relação entre o "não" e o "sim" ilustra bem a ideia da Conta Bancária Emocional apresentada por Stephen R. Covey em seu livro *Os 7 hábitos das pessoas altamente eficazes*. Foi uma ideia tão acertada que outros psicólogos a adotaram mais tarde ao divulgar suas próprias teorias, nomeando-a simplesmente de "conta emocional". É uma metáfora pouco romântica que ensina algo muito importante. Segundo ela, cada pessoa que você conhece tem uma conta emocional com você: seu pai, sua mãe, seu companheiro ou companheira, seu filho ou filha, sua amiga, seu mecânico. E certas contas, claro, são mais importantes do que outras; e as transações feitas nelas, mais frequentes e complexas. E, assim como acontece com as contas bancárias reais, o saldo depende do que entra e do que sai. Quando sua mãe telefona reclamando que você se esqueceu dela, deixando para trás um sentimento de culpa, ela faz uma retirada de fundos da sua conta. Quando ela aparece para cuidar do seu filho porque, de repente, você precisou ir ao escritório, ela faz um depósito. Quando a sua chefe, em uma reunião, escuta sua ideia com atenção e diz que vai implementá-la; quando seu companheiro pega as sacolas de compra que você está carregando; quando um conhecido que você encontra na rua pergunta como você está e parece realmente interessado na resposta – todos esses fazem depósitos na conta do seu banco emocional. Se alguém faz mais retiradas do que depósitos, fica "no vermelho" em termos emocionais. Simples assim.

O que é considerado depósito depende do "banco", não da intenção do proprietário da conta. Ou seja, se a sua mãe, ao ligar fazendo reclamações, tinha a intenção de lhe dar um conselho e considera essa ligação um depósito, mas você sente exatamente o contrário, a sensação que prevalece é a sua. O que para uma pessoa é um depósito, para outra, pode ser uma retirada.

E você, é claro, também tem as suas contas nos "bancos" de outras pessoas com as quais mantém relacionamentos. Você também deposita ou retira, às vezes até retira pensando que está depositando. E aqui vem a boa notícia e o motivo de eu estar escrevendo isso ao falar sobre a Amável: você pode regular sua conta de maneira consciente. Tirando as situações de um único contato (como quando um motorista furioso toca a buzina porque você demorou um milésimo de segundo para acelerar quando o semáforo abriu), na maior parte dos casos temos muitas ocasiões para equilibrar nossa conta nos bancos de nossos entes queridos.

Com a ajuda da Terna Companheira, a Amável observa o impacto que gera em outras pessoas. "Responsabilize-se pelo rastro emocional que você deixa", escreve Susan Scott no livro *Fierce Conversations*, que já citei. Nós deixamos rastros em outras pessoas, positivos e negativos. Ter consciência disso (sem enrolação, com coragem) é de suma importância para a Amável. Se você grita com o seu filho (que levante a mão quem nunca fez isso), retira fundos da sua conta emocional no banco dele. Se, em uma reunião de trabalho, reage dando de ombros ao escutar uma pergunta: você retira fundos. Em relacionamentos importantes, porém, existem inúmeras ocasiões para fazer novas "transações" e moldá-las. A sua conta continua aberta.

O ponto principal, a meu ver, é não encarar essa questão a partir de uma posição de cinismo e manipulação. Não se trata de usar truques para convencer a pessoa de que gostamos dela quando na verdade não gostamos. Também não se trata de fazer com que os outros sejam gentis conosco. Trata-se de cuidar dos relacionamentos. Ainda que seja uma expressão desgastada, da perspectiva da Amável, significa exatamente isto: eu observo como o meu comportamento afeta você. Procuro manter um saldo positivo se você é importante para mim. Tento ser amável. Não "legal", não educada, mas amável e cordial. E isso envolve fazer depósitos na sua conta emocional.

É verdade que somos diferentes e que, para saber se algo é um depósito ou uma retirada, precisamos perguntar ao "proprietário" do banco. Algumas coisas, porém, são universais. A atenção, por exemplo, é um depósito universalmente apreciado. Quando meu filho (naquela época ainda pequeno) estava na pré-escola, havia um quadro onde afixavam o menu semanal e as datas de excursões ao teatro, e alguém pendurou nele uma folha com uma citação cujo autor, infelizmente, não lembro quem era. Mas me lembro bem da frase: "A moeda com a qual você demonstra amor ao seu filho é o tempo." E todo o resto é secundário. Essa frase ficou gravada na minha mente.

Eu diria também que, se o tempo é a moeda do amor, ele deve ser preenchido com uma atenção verdadeira. É aquilo com que coaches e terapeutas ganham dinheiro: uma atenção profunda, sem julgamentos, me parece ser a contribuição mais importante e universal que a Amável pode oferecer. Um almoço de vinte minutos (mesmo que seja comendo pizza), no qual perguntamos a todos como estão e escutamos suas respostas com atenção, me parece ser bem mais valioso do que um almoço nababesco preparado por mãos cansadas, temperado por contínuas reclamações e alusões sobre a enorme quantidade de tempo que essa pessoa demorou para cozinhar aquilo tudo.

Nossos filhos, nossos companheiros e companheiras, nossos amigos, nossos funcionários querem a nossa atenção (mesmo quando estamos tão endividados que nada mais parece indicar isso). A Amável oferece atenção, fazendo um depósito em uma conta emocional, nos momentos em que renuncia à necessidade esmagadora de corrigir o outro, de recriminar seus erros ou de lhe dar lições. "Por que ainda não está pronto? Quantas vezes vou ter que repetir? Tire os cotovelos da mesa. Por que não quer comer essa carne?" Desse jeito, retirada após retirada, perdemos a simpatia das pessoas que amamos. Sim, elas nos amam, e às vezes não têm escolha. Mas também é verdade que, em certas ocasiões, nossas ações fazem com que elas simplesmente não gostem mais da gente.

Escrevo isto na parte que trata de comunicar nossos limites e dizer "não" para incentivá-la a ter coragem: você pode se endividar um pouco ao dizer um "não", mas saiba que, em pouco tempo, surgirá uma oportunidade de fazer um depósito. Você não ofereceu agora porque sentia que não tinha nada a oferecer (ou simplesmente porque não queria dar o que pediam), mas em breve vai recuperar a energia e oferecer algo. Vai ligar para perguntar como essa pessoa está, vai dar uma sugestão certeira, vai fazer uma pergunta importante e escutar a resposta, vai levar um café (sabendo que ela gosta de café duplo com leite de amêndoas quente, um toque de caramelo e em uma caneca média). Existem mil maneiras de dizer "sim" a alguém. Quando você diz esse "sim" de coração, não por medo, não por obrigação, mas a partir de uma espécie de amor genuíno, quem escuta o saboreia de um jeito diferente.

A expressão "conta emocional" me ajudou muito em discussões domésticas ou, melhor dizendo, naquelas conversas que eu não queria que virassem discussões porque, às vezes (e não me diga que não sabe do que estou falando), a represa cede e não conseguimos evitar a inundação. Porém, para as ocasiões em que quero e posso evitá-la, elaborei um sistema que chamo de "método dos três depósitos" (meu marido, que jura que vai ler este livro, vai conhecê-lo agora). Quando a conversa está a ponto de se transformar em um confronto, eu digo para mim mesma: "Tudo bem, agora vou fazer três depósitos." E não faço isso de maneira cínica, mas porque eu sinto que pode ajudar na conversa.

Mas, afinal, o que é um depósito em uma conversa que, na velocidade de uma bola de neve, vai rolando em direção a uma briga? Se você costuma participar de cursos de "soft skills", com certeza já viu slides sobre perguntas abertas, perguntas de aprofundamento e paráfrases. Talvez tenha revirado os olhos quando a pessoa que ministrava o curso pediu que fizessem um exercício em dupla. Só que o verdadeiro exercício em dupla acontece quando você fica frente a frente com a pessoa com quem compartilha sua vida e que tem a misteriosa habilidade de tirar você do sério. O ar fica denso, como quando uma tempestade se aproxima. Agora, vamos fazer este exercício em dupla! Parafraseie o que o outro disse e você será a campeã! Uma paráfrase honesta (quando você repete o que escutou com suas próprias palavras, deixando uma porta aberta a esclarecimentos) desperta em qualquer pessoa um terrível reflexo de defesa: é como se, ao repetir as palavras do outro sem incluir contra-argumentos, sem negá-las nem fazer uma caricatura, a pessoa fosse "perder pontos" ou se contagiar com a opinião contrária. Eu, por outro lado, comprovei que escutar o outro não significa que mudamos de opinião: podemos escutar, repetir e manter nossa opinião. A força da paráfrase reside em mostrar que estamos escutando. Além disso, ela costuma colocar em ação a regra da reciprocidade, aumentando nossas chances de sermos ouvidas também. As perguntas abertas têm a mesma função, com a condição de que as façamos porque realmente queremos saber mais, não para enfatizar alguma incoerência do nosso interlocutor ou distorcer suas palavras. Esses depósitos em uma conta emocional, especialmente durante uma conversa difícil, são pouco intuitivos e exigem que consigamos superar nossos reflexos beligerantes.

Imagine que sua filha adolescente volta do colégio furiosa. "Que colégio chato!", ela grita, jogando a mochila no meio da sala. "Tenho que ler para amanhã um imbecil chamado Jó. E para quê? Caramba, por que você escolheu esse colégio para mim? Minhas amigas do basquete não precisam ler essas coisas!" Percebendo o cheiro do seu perfume (que ela usou sem você dar permissão) misturado com o hormônio da fúria, você arregaça as mangas com a intenção de se preparar para a batalha. Na melhor das hipóteses, você terá que explicar à sua filha a importância literária da Bíblia, as vantagens de frequentar esse colégio e não outro, além de censurar o péssimo costume de usar as coisas dos outros sem pedir e de jogar a mochila no meio da sala. Não que você não tenha razão. Você tem. Mas qual é a vantagem de agir assim se, dali a dois minutos, vai ouvir o estrondo da porta batendo? Nessa situação, fazer os três depósitos pode significar uma mudança total nos passos dessa dança. "Você tem que ler sobre Jó para amanhã, é?" (primeiro depósito). "Sim, para amanhã. Dá para acreditar?" Sua filha continua com o tom dramático. "E as suas amigas não precisam ler, né?" Você faz a segunda pergunta (e o segundo depósito). "Pois é! Elas não precisam!", sua filha confirma, com um tom triunfal, e agora não resta dúvida de que você a escutou e ela está confirmando as suas palavras, ou seja, vocês estão se afastando do que, em condições normais, acabaria em briga. "Mais alguma coisa aborreceu você no colégio?", você continua perguntando (terceiro depósito). Com isso, acaba matando de vez o dragão da briga. E em seguida escuta com toda a atenção, fazendo um difícil exercício espiritual que pode ser ilustrado por uma fábula budista. Os discípulos chegaram a um mosteiro onde morava um famoso mestre zen. Eles atravessavam o pátio quando o cachorro (que não parecia ser dos mais amigáveis) se soltou. Os discípulos ficaram paralisados. O mestre, por sua vez, correu em direção ao cachorro que latia, e o cachorro, como você pode imaginar, começou a fugir do mestre. Eu me lembro dessa fábula quando sinto que vale a pena fazer um gesto contrário ao habitual. Quando, por exemplo, em meio a uma discussão, meu corpo se encolhe pela tensão e eu respiro fundo para recuperar o espaço perdido. Ou quando faço uma pergunta, mesmo sentindo vontade de tapar os ouvidos.

Quando começamos a correr em direção ao cachorro, quando alteramos a dinâmica da conversa, é possível que surja mais espaço para ela – e para nós também.

Procure a leveza

No livro *A coragem para liderar*, de Brené Brown, há o seguinte exercício: de uma longa lista de valores, você deve escolher os dois que considera mais importantes. Primeiro eu fiz sozinha, depois pedi ao meu marido e ao meu filho que o fizessem, vendo com alegria que estamos em sintonia nesse que talvez seja o nível mais fundamental de todos. Eu escolhi "amor" e "liberdade", e eles escolheram algo bem parecido. Andar na corda bamba entre dar e receber, entre o espaço próprio e o compartilhado, entre nós mesmas e os demais. Estar sempre por conta própria seria muito solitário; estar o tempo todo com outras pessoas e vivendo para os outros seria muito opressivo.

Quando a pandemia começou, o meu mundo (e imagino que o seu também) caiu. De um dia para o outro, todos os cursos de formação desapareceram da minha agenda. Meu filho adolescente chegou em casa e contou que, no dia seguinte, não teria que ir ao colégio porque passariam a estudar on-line. Após anunciar isso, ele bateu a porta com certa força (uma porta cheia de placas de "proibido entrar") e se trancou no quarto pintado de verde-escuro (ele queria preto, mas eu não deixei). Começamos a viver no inquietante mundo do "não sei". E eu sonhei com uma palavra escrita em letras de neon, iguais às dos letreiros que tinham se apagado nas nossas cidades.

Essa palavra era: LEVEZA. Ela acendia e apagava, como uma sugestão. Eu acordei e peguei o livro de Brené Brown com sua lista de valores, mas não encontrei "leveza" na lista. Peguei um lápis verde e a incluí. "Leveza": o contrário de trabalho duro, de fardo, preocupação, apego exagerado, falta de fôlego. E eu colhi a sugestão que a Terna Companheira tinha semeado no meu sonho. Estabeleci a leveza, junto ao amor e à liberdade, como um valor que quero cultivar no meu cotidiano. Na prática, isso significa abrir mão – ao menos daquelas coisas pelas quais lutamos ferozmente, como se nossa vida dependesse delas. Significa abrir mão de batalhas e joguinhos em que nos metemos só porque a tampa do vaso sanitário ficou levantada, porque nosso filho vai à casa da avó com essa camiseta e não com aquela, porque guardaram a farinha na prateleira de cima e não na de baixo. Quantas dessas batalhas são realmente significativas? Se todo mundo "luta sua grande batalha", não seria mais conveniente dar por perdidas algumas dessas batalhas bem pequenas que não violam a nossa dignidade? Resolvi experimentar no meu próprio front. No final das contas, havia muita coisa que eu podia deixar de lado e, graças a isso, de repente comecei a perceber que tinha mais espaço. Os tempos de pandemia abriram a porta para o estado do "não sei", e o que surgiu dele (e continua surgindo) é a reflexão de que poucas coisas realmente importam: o amor, a liberdade e a leveza.

Quando abrimos espaço para esse caminho do meio, a Amável pode simplesmente desfrutar de ter ao seu redor as pessoas que ela realmente ama e, com um pouco de sorte, até gostar delas!

E aqui termino minhas reflexões. Não! Espere! As reflexões não acabam nunca, eu já perdi a esperança de chegar ao final. Mas aqui termino as reflexões que resolvi escrever neste livro.

Nenhuma dessas três transformações (a da Submissa em Menina Selvagem, a da Rainha da Neve em Adulta, e a da Sofredora em Amável) acontece uma única vez. Mas, para mim, essas são metáforas importantes e práticas. "Essa é a Submissa ou a Menina Selvagem? Quem acabou de falar foi a Sofredora?", eu me pergunto, tentando reconhecer com maior precisão os meus motivos e manter uma boa conversa comigo mesma. É impossível anotar o trabalho interior – que fazemos dentro de nós – em uma planilha. É impossível incluí-lo no planejamento semanal e muito menos no planejamento para o resto da vida. Mas, se você conseguir enxergar um caminho, isso já é alguma coisa. Concorda?

Uma reverência

Há poucos meses, vivi uma experiência extraordinária. Conversei com um homem muito sábio sobre amor-próprio e sobre como o caminho até ele determina nossa vida. "Não se trata de tentar conquistar nosso próprio amor e a gentileza em relação a nós mesmos", disse meu interlocutor. "Trata-se de saber fazer uma verdadeira reverência a nós mesmos." Ele disse isso, pousou uma das mãos no peito, fechou os olhos e, bem lentamente, com grande concentração, inclinou a cabeça. Eu vi que não era um gracejo, que ele não estava apenas falando por falar. Esse homem fez uma reverência a si mesmo, e eu tive o grande privilégio de presenciar. E me comovi: o amor-próprio se materializando diante dos meus olhos. Nele não havia vergonha nem medo.

Desde aquele dia, todas as noites, tento parar na frente de uma janela aberta e fazer uma reverência semelhante. Dedico minha reverência às macieiras velhas da minha vizinha, que quase não dão frutos, e aos campos, às nuvens do céu escuro e a mim mesma. Faço uma reverência ao Ser que sou, na forma que tomei. Faço uma reverência ao fato de estar hoje no mundo – e quem sabe por quanto tempo mais? Faço uma reverência ao fato de não saber o que vai acontecer. Certos dias, olho pela janela e faço uma reverência à casa dos meus pais, que moram na outra colina. Faço uma reverência nos dias bons e nos ruins, às vezes de saco cheio. Às vezes rápido para que os mosquitos não entrem. Outras vezes, faço dançando.

E, às vezes, sinto amor.

NOTAS

NOTAS

NOTAS

NOTAS

NOTAS

CONHEÇA ALGUNS DESTAQUES DE NOSSO CATÁLOGO

- Augusto Cury: Você é insubstituível (2,8 milhões de livros vendidos), Nunca desista de seus sonhos (2,7 milhões de livros vendidos) e O médico da emoção
- Dale Carnegie: Como fazer amigos e influenciar pessoas (16 milhões de livros vendidos) e Como evitar preocupações e começar a viver
- Brené Brown: A coragem de ser imperfeito – Como aceitar a própria vulnerabilidade e vencer a vergonha (900 mil livros vendidos)
- T. Harv Eker: Os segredos da mente milionária (3 milhões de livros vendidos)
- Gustavo Cerbasi: Casais inteligentes enriquecem juntos (1,2 milhão de livros vendidos) e Como organizar sua vida financeira
- Greg McKeown: Essencialismo – A disciplinada busca por menos (700 mil livros vendidos) e Sem esforço – Torne mais fácil o que é mais importante
- Haemin Sunim: As coisas que você só vê quando desacelera (700 mil livros vendidos) e Amor pelas coisas imperfeitas
- Ana Claudia Quintana Arantes: A morte é um dia que vale a pena viver (650 mil livros vendidos) e Pra vida toda valer a pena viver
- Ichiro Kishimi e Fumitake Koga: A coragem de não agradar – Como se libertar da opinião dos outros (350 mil livros vendidos)
- Simon Sinek: Comece pelo porquê (350 mil livros vendidos) e O jogo infinito
- Robert B. Cialdini: As armas da persuasão (500 mil livros vendidos)
- Eckhart Tolle: O poder do agora (1,2 milhão de livros vendidos)
- Edith Eva Eger: A bailarina de Auschwitz (600 mil livros vendidos)
- Cristina Núñez Pereira e Rafael R. Valcárcel: Emocionário – Um guia lúdico para lidar com as emoções (800 mil livros vendidos)
- Nizan Guanaes e Arthur Guerra: Você aguenta ser feliz? – Como cuidar da saúde mental e física para ter qualidade de vida
- Suhas Kshirsagar: Mude seus horários, mude sua vida – Como usar o relógio biológico para perder peso, reduzir o estresse e ter mais saúde e energia

sextante.com.br